Como governar um estado
O CASO DA BAHIA

JOACI GÓES

Como governar um estado
O CASO DA BAHIA

Copyright © 2018 Joaci Góes

EDITOR
José Mario Pereira

EDITORA ASSISTENTE
Christine Ajuz

REVISÃO
Cristina Pereira

PRODUÇÃO
Mariângela Felix

CAPA
Miriam Lerner | Equatorium

DIAGRAMAÇÃO
Arte das Letras

CIP-BRASIL. CATALOGAÇÃO NA FONTE.
SINDICATO NACIONAL DOS EDITORES DE LIVROS, RJ.

G543c

  Goes, Joaci
     Como governar um estado o caso da Bahia / Joaci Góes. – 1ª ed. – Rio de Janeiro: Topbooks, 2018.
     272 p.; 23 cm.

     ISBN: 978-85-7475-278-5

     1. Ciência política. 2. Bahia (Estado) – Política e governo. I. Título.

18-51691   CDD: 320.98142
                        CDU: 32(813.8)

TODOS OS DIREITOS RESERVADOS POR
Topbooks Editora e Distribuidora de Livros Ltda.
Rua Visconde de Inhaúma, 58 / gr. 203 – Centro
Rio de Janeiro – CEP: 20091-007
Telefax: (21) 2233-8718 e 2283-1039
topbooks@topbooks.com.br/www.topbooks.com.br
Estamos também no Facebook.

SUMÁRIO

Prefácio – Eis um estudo pioneiro
e prodigioso – *João Eurico Matta*.................................... 13
Introdução 19
Princípios gerais para a administração de qualquer Estado 23
As microrregiões 43
O Semiárido 74
Apicultura ou meliponicultura 129
Caprinocultura e ovinocultura 139
Forrageiras 145
Fibras vegetais 164
Prognóstico 188
Exemplo de má administração 197
Rio São Francisco 221
O turismo na Bahia 240
Municípios baianos 253
Bibliografia 269

Ofereço este livro aos inúmeros amigos que nasceram no Semiárido, especialmente aos meus saudosos pais Mariana e João Góes, e aos queridos irmãos Joilson (em memória), Jacira, Jefferson e Julival, todos aí nascidos.

Agradeço a Ajurimar Moreira e a Ednalva Sampaio os reiterados cuidados na formatação e revisão prévias de todo o texto.

PREFÁCIO

EIS UM ESTUDO PIONEIRO E PRODIGIOSO

João Eurico Matta*

É como devemos considerar este audacioso volume de Joaci Góes, intitulado *Como governar um estado, o caso da Bahia*. O próprio autor, obviamente, sem os adjetivos "pioneiro", "prodigioso" e "audacioso", logo no primeiro parágrafo de sua Introdução, registra: *"É curioso que não haja livros dedicados, com exclusividade, a instruir sobre como governar, empírica e efetivamente, um país, um estado ou mesmo um município, e não apenas voltados para a abordagem tradicional dos princípios gerais que devem reger a administração. O que há são programas de governo, elaborados durante as campanhas políticas...".* Há também volumosas *Mensagens* anuais dos governantes estaduais e municipais às assembleias legislativas, de *compte rendu* das realizações dos governos, bem como as mensagens anuais de proposta orçamentária, além de revistas ou periódicos de artigos técnicos publicados, por exemplo baiano, pela Secretaria de Planejamento ou pela Desenbahia.

---

* Professor emérito de administração da UFBA. Membro da Academia de Letras da Bahia, e da Academia Baiana de Educação, e Sócio do Instituto Geográfico e Histórico da Bahia.

O de que Joaci registra a falta são estudos ou publicações que instruam sobre administração finalística, já que, no caso baiano, são insuficientes, porque historicamente datadas, as lições do pioneiro livro *A Bahia e seus governadores,* de Antônio Moniz, governante em 1919, bem como as dos ensaios sobre a economia baiana, de Góes Calmon, governante em 1925, publicados na *Revista da Bahia* nos anos 1930, e as do famoso *Plandeb,* o primeiro Plano de Desenvolvimento Econômico da Bahia, encaminhado nos anos 1960 pelo então governador Juracy Magalhães à Assembleia Legislativa do Estado, engavetado sem promulgação.

Nesse contexto, a única referência bibliográfica que satisfaria aquela busca do autor de *Como governar um estado, o caso da Bahia* tem também uma limitação histórica, por cobrir o período de 1963 a 1967 de um governante: é a recente publicação do volume de 311 páginas de João Eurico Matta, *Modernização do Poder Executivo na Bahia – Estratégia e dinâmica do Programa de Reforma Administrativa do governo Lomanto Júnior (1963-1967) – Uma história de caso.* Salvador, EDUFBA, 2016.

Em janeiro de 1965, em resposta à pergunta-chave: *"Reforma Administrativa – modernização dos **meios,** para que **fins?**",* o Instituto de Serviço Público, da Escola de Administração da UFBA, por convênio, entidade assessora, de assistência técnica, do governo da Bahia, programou a realização de dezenove "Simpósios de Políticas Governamentais" sobre a seguinte temática, uma "Cadeia de meios e fins" *1. FINANÇAS PÚBLICAS; 2. AGRICULTURA; 3. ABASTECIMENTO; 4. INDÚSTRIA E ARTESANATO; 5. COMÉRCIO; 6. COOPERATIVISMO; 7. CRÉDITO E BANCOS; 8. ÁGUA E RECURSOS MINERAIS; 9. ENERGIA; 10. TRANSPORTES E COMUNICA-*

ÇÕES; *11. URBANISMO; 12. TURISMO; 13. JUSTIÇA; 14. SEGURANÇA PÚBLICA; 15. EDUCAÇÃO; 16. SAÚDE; 17. ASSISTÊNCIA SOCIAL; 18. PROGRAMAÇÃO PARA O DESENVOLVIMENTO;* e, finalmente, *19. ADMINISTRAÇÃO PÚBLICA.*

Durante três meses, os 19 encontros de especialistas, empresários e servidores estaduais se realizaram em salões do palácio da Reitoria da UFBA, com apoio do reitor Miguel Calmon Sobrinho, o último dos quais no Grande Hotel de Caldas de Cipó (inaugurado pelo presidente Getúlio Vargas em 1952), presidido pelo próprio governador Lomanto Júnior. A Comissão de Planejamento Econômico (CPE) do Estado da Bahia, criada no governo Antônio Balbino por Rômulo Barreto de Almeida (que fora o chefe da Assessoria Econômica do governo Getúlio Vargas de 1951 a 1954), prestou assessoria plena pelo técnico Gabriel Barreto de Almeida, que redigiu as cerca de duas mil recomendações dos "Simpósios", entre elas a concepção de 21 *Regiões Administrativas Polarizadas*, sobre as quais publicou estudo técnico o antigo secretário de Estado para o Desenvolvimento Econômico do governo Juracy Magalhães, professor, vice-diretor do Instituto de Serviço Público, Yvan Maia Fachinetti. As principais leis da reforma administrativa estadual vigentes em abril de 1966 modernizaram a ação governamental através de sistemas como o de Planejamento e o da Procuradoria-Geral do Estado que têm promovido o desenvolvimento social e econômico da Bahia com lisura considerável. Mas completaram cinquenta anos, com os ajustes implementados pelos governos que sucederam o do saudoso vereador, deputado estadual, federal, senador e em vários mandatos prefeito de Jequié, Antônio Lomanto Júnior.

Estamos em agosto de 2018. Joaci Fonseca de Goes é um bacharel em direito pela UFBA do início dos anos 1960, também redator da revista *Ângulos*, do Centro Acadêmico Ruy Barbosa, da qual fui redator diretor em 1956-57, em equipe com Florisvaldo Mattos e Glauber Rocha, mas tem feito brilhante carreira como empresário bem-sucedido, homem de imprensa, político e deputado federal na Constituinte de 1988, educador e reitor de universidade no sul da Bahia, líder comercial e industrial, escritor fecundo de muitos volumes e multiacadêmico, inclusive somos confrades, com Edivaldo Boaventura e o sempre governador Roberto Santos, na centenária Academia de Letras da Bahia e na trintenária Academia Baiana de Educação. Sua nova façanha de escritor é este *Como governar um estado, o caso da Bahia*, no qual se ocupa com a pesquisa atual e corrente de quinze microrregiões nas quais se distribuem os quatrocentos e dezessete municípios da Bahia, a saber: a Metropolitana de Salvador, a Região Paraguaçu, a Litoral Norte, a do Recôncavo Sul, a Litoral Sul – com as subáreas Baixo Sul e Cacaueira, a Região Extremo-Sul, as Regiões Oeste, Serra Geral e Nordeste, a Região Sudoeste e a Piemonte da Diamantina, a Médio São Francisco, a Baixo Médio São Francisco, a Região de Irecê, a da Chapada Diamantina, e o Semiárido, compreendendo vinte e sete territórios de identidade, que sinto a tentação de nomear, pelo encantamento da nomenclatura, mas para ser breve aconselho e recomendo que o leitor os identifique na preciosa Tabela que revela as estimativas da população dos 417 municípios baianos no ano de 2001.

A instrução propiciada pelo espantoso acesso aos dados da pesquisa mais recente sobre a agricultura, a pecuária e a urbanização nas regiões, nos territórios e nos municípios, permite a Joaci Góes ensinar magistralmente sobre decisões do governo estadual e dos governos municipais, a exemplo da transcrição que faz de um artigo publicado em 2013, no jornal *A Tarde*, pelo administrador de empresas e conselheiro da Federação das Indústrias da Bahia, Joaci Góes Filho, sob o título *"A fantástica ponte de Itaparica"*. Mas todo o livro é pioneiro e prodigioso porque acumula e oferece uma enorme gama de ensinamentos e conselhos para decisões do governo estadual e de governos de todos e cada um dos 417 municípios da Bahia, no corrente ano de 2018.

Eis uma leitura cativante, útil e beneficente!

Salvador, Bahia, 29 de agosto de 2018.

INTRODUÇÃO

É curioso que não haja livros dedicados, com exclusividade, a instruir sobre como governar, empírica e efetivamente, um país, um estado ou mesmo um município, e não apenas voltados para a abordagem tradicional dos princípios gerais que devem reger a administração pública. O que há são programas de governo, elaborados durante as campanhas políticas, sem que o cidadão comum tenha acesso à compreensão do que seja, efetivamente, prioritário, ficando sem meios, por exemplo, de opinar sobre a conveniência da construção de uma ponte ligando Salvador à ilha de Itaparica, em lugar de investir os vultosos recursos requeridos por este projeto faraônico em saneamento básico, quando se sabe ser este um fator decisivo para a saúde das pessoas, e que cada real aplicado nessa área, uma única vez, representa uma economia anual de três reais em gastos com a saúde pública, havendo, pelo menos, um caso no Brasil em que esta relação é de um para quatrocentos e trinta e seis reais. Tal é o que sucede entre os municípios de Taubaté, o 10º em população do interior de São Paulo, com pouco mais de trezentos mil habitantes, o mais bem-dotado de infraestrutura sanitária, e Ananindeuba, o maior município interiorano do Pará, localizado na Região Metropolitana de Belém, com pouco mais de quinhentos mil almas, conforme pesquisa conduzida pela professora Denise Kronemberger, disponibilizada na Internet. Dessa carência de informação resulta que nada seja exigido dos candidatos a postos executivos, que se sentem livres para dizer o que os eleitores gostam de ouvir e, assim, se habilitarem a reger os seus destinos, ainda que despossuídos de adequada ou mínima preparação. Os trágicos resultados desse desleixo todos conhecem, nos planos municipal, estadual e federal.

O fenômeno da incompetência popular para eleger os melhores é, em proporções variadas, universal, como observou o sociólogo americano Wright Mills, em seu conhecido livro *A elite do poder*, concluindo que as democracias não elegem, necessariamente, os melhores, mas os que, de modo eficaz, se identificam com as aspirações populares, através dos diferentes meios de comunicação. Daí, portanto, a oferecer-se o céu na terra dista apenas um passo. Em outras palavras: o êxito de uma eleição consiste em dizer o que as pessoas querem ouvir, ficando a verdade factual, a biografia dos candidatos e a qualidade do programa de governo em plano secundário, constatação que abre larga avenida para os discursos populistas que seduzem e desgraçam os povos. A reeleição da presidente Dilma é emblemática do abissal hiato existente entre as promessas e o cumprimento. Nada, porém, que invalide a afirmação de Winston Churchill, segundo a qual a democracia, mesmo sendo um péssimo regime, é o melhor que se conhece. É como se, para governar, não fossem requeridas competências específicas, como as exigidas de um piloto, médico, advogado, engenheiro etc. Enfatize-se a exceção oferecida por muitos municípios norte-americanos que contratam, para administrá-los, executivos de comprovada capacitação.

O fenômeno da prevalência do gogó, na escolha dos dirigentes, não é novo, tanto que a palavra de origem grega, demagogo, formada por *demo*, povo, e *gogo*, do verbo falar, significa falar ao povo, ou, por aproximação, saber falar ao povo, significado logo transformado em "enganar o povo".

Os políticos inescrupulosos disso se aproveitam, levando à perfeição o ofício de mentir, descaradamente, desde que esse seja o caminho para conquistar o poder. Quanto mais subdesenvolvido, intelectualmente, o povo, maior o risco que corre de cair nas garras de gente despreparada, de formação latrinária, resultando, frequentemente, em tempestuosos fracassos, pela trágica combinação de incompetência com corrupção. No plano internacional, Cuba e, mais recentemente, a Venezuela são exemplos emblemáticos disso, destino do qual nos livramos por pouco, como temos visto nas obscenas revelações da Operação Lava-Jato.

A adoção de critérios meritocráticos na escolha do quadro de auxiliares é medida elementar para a eficiência de qualquer estrutura administrativa, pública ou privada, tão inobservada no Brasil que chafurda num pluripartidarismo que se transformou, em grande medida, numa súcia de quadrilheiros que se associam para pilhar o erário. A desnaturação dos partidos políticos, no Brasil, constitui poderosa fonte de desvios de conduta que inviabilizam a administração pública pela associação da corrupção com a incompetência, percepção que nos levou a arrolar o nosso pluripartidarismo em livro que intitulamos *As sete pragas do Brasil moderno*. No caso da Operação Lava-Jato, que vai levando tanta gente graúda para a cadeia, a propinagem constitui a parte visível das perdas nacionais. Sem dúvida, as perdas decorrentes da presença de gente incapaz à frente de organizações poderosas, como ministérios, sociedades de economia mista e fundos de pensão, são muito maiores do que as elevadas somas desviadas pelo propinoduto da corrupção desenfreada, fato que a opinião pública, frequentemente, ignora. Enquanto os valores distribuídos como propina, no caso da Petrobras, Eletrobrás, BNDES, fundos de pensão, infraestrutura para a Copa do Mundo, Jogos Olímpicos, e obras em geral, ficam na casa das dezenas de bilhões, os prejuízos sofridos por essas grandes empresas, decorrentes de erros de gestão, alcançam as centenas de bilhões de reais, afetando fortemente o PIB nacional, resultando no caos social do desemprego em massa. A corrupção permeia toda a estrutura do poder público brasileiro, com raras exceções. Os que defendem uma grande participação do Estado na economia se dividem em três grupos: os ignorantes, os fundamentalistas que não sabem viver fora das tetas do erário e os espertalhões, entre eles empresários ladrões.

CAPÍTULO 1

PRINCÍPIOS GERAIS PARA A ADMINISTRAÇÃO DE QUALQUER ESTADO

A evolução material dos povos, na atualidade, depende, essencialmente, da posse e da interação de dois elementos: a) Qualidade e democratização do conhecimento acumulado pela sociedade; b) Agregação de valor a matérias-primas, nacionais ou importadas.

Entre os povos desenvolvidos, apenas Estados Unidos, Canadá, Noruega e Austrália dispõem de grandes riquezas naturais, enquanto todos os países europeus, o Japão, a Coreia do Sul e a Nova Zelândia oscilam entre pouca ou nenhuma riqueza natural. O que prova que na sociedade do conhecimento em que estamos imersos, a maior riqueza reside na superior qualidade da educação posta ao alcance de todos, contrariamente ao caráter de privilégio com que historicamente tem sido encarada no Brasil.

Predominantemente, o desenvolvimento dos povos modernos depende de três fatores: a) A qualidade das pessoas; b) A qualidade do ambiente econômico; c) A qualidade do território.

O valor das pessoas (a) é o reflexo do tamanho da população combinado com seu nível educacional, merecendo destaque especial a existência de personalidades empreendedoras e capazes de atrair parceiros mundo afora, para o aproveitamento das oportunidades locais. A qualidade do ambiente econômico (b) resultaria do nível de demanda existente para os produtos locais. A qualidade do território (c) seria medida pela disponibilidade de riquezas naturais e meio ambiente atraente.

Em estreita compatibilidade com o nível da atratividade desses pré-requisitos emergem os capitais necessários à implementação das oportunidades existentes, cuja intensidade depende do grau de competitividade da estrutura empreendedora aí instalada. Com efeito, é desnecessário enfatizar o papel desempenhado pela qualidade da infraestrutura física e social, como elemento de importância fundamental na produtividade das pessoas e, consequentemente, da economia. Assim, estradas, portos, aeroportos, saneamento básico, energia, comunicação e outros se associam a sistemas de saúde, educação e segurança para constituírem a infraestrutura na qual os indivíduos vão exercer as múltiplas dimensões de suas existências.

A ARTE DE GOVERNAR

A arte de governar consiste, em apertada síntese, na otimização conjugada de dois fatores: a garantia da governabilidade e a eficácia administrativa.

Nas democracias, a governabilidade é assegurada pela capacidade do Poder Executivo de ter aprovados, pelo Legislativo, seus projetos e iniciativas, particularmente o indispensável orçamento público, embora haja mecanismos que permitem ao Executivo realizar sua missão, mesmo com minoria parlamentar, como se vê mundo afora. A eficácia é medida pela qualidade e quantidade dos programas a serem implementados e pela produtividade do trabalho desenvolvido pela equipe selecionada. Em última análise, o valor do trabalho realizado é o reflexo direto da qualidade dos projetos e dos agentes escolhidos para o fim de fazer funcionar a máquina pública. Faltando qualquer desses pilares, o governo se enfraquece, no todo ou em parte, política ou administrativamente, quando não em ambas as vertentes.

Na prática, o que se verifica é uma imbricação desses dois fatores: 1) A maioria legislativa que compõe a base de sustentação do governo e 2) Nomes qualificados para ocupar postos chaves na administração.

À falta de critérios consensuais que harmonizem as divergentes opiniões a respeito desse tema, é oportuno lembrar a norma eleita, no plano federal, pelo presidente Rodrigues Alves e pelo governador de São Paulo, Franco Montoro, no estadual. Enquanto para Rodrigues Alves só poderia ser ministro quem tivesse estofo para ser presidente, para Franco Montoro não poderia ser secretário de estado de São Paulo quem não tivesse gabarito para ser ministro da respectiva pasta, ou governador do estado. Não é à toa que Rodrigues Alves figura como o presidente que constituiu a melhor equipe federal de todos os tempos, como Franco Montoro a estadual. Esses dois estadistas conseguiram assegurar a governabilidade, seguindo critérios meritocráticos na escolha de suas equipes, e por isso realizaram gestões memoráveis.

Extrapolado o princípio para o nível municipal, conclui-se que só deveria ser nomeado secretário quem tivesse competência para governar sua cidade, ou para ser secretário de estado, da respectiva pasta, no caso dos grandes municípios, a começar pela capital.

É na montagem dessa equação que residem a competência, a sabedoria, o espírito público, a liderança de quem se ofereceu para arcar com o múnus de governar.

Nesse singelo receituário está a base da qualidade de qualquer administração.

Toda vez em que houver eleições para qualquer dos três níveis – federal, estadual ou municipal – o eleitor deveria poder avaliar, previamente, o que quase nunca acontece, a qualidade da equipe escolhida: boa, ruim, mais ou menos? O que só é possível se o candidato majoritário apresentar, antes do processo eleitoral, os nomes que comporão a equipe de governo.

PECULIARIDADES REGIONAIS

A diversidade observada nas vinte e sete unidades que compõem a federação brasileira decorre do conjunto de características peculiar a cada uma delas. Essa diversidade, porém, não impede a formulação de princípios de ordem geral que devem ser observados como medida preliminar que antecede a formulação dos diferentes programas de governo, a partir da realidade concreta ou factual. Fatores como dimensão geográfica, riquezas naturais, localização geoeconômica, estágio da industrialização, tamanho da população, sua escolaridade e distribuição etária formam a base sobre a qual erigir o programa de governo de cada unidade federada. Esse procedimento prévio obedece ao mesmo conjunto de princípios, seja para o maior ou o menor estado da Federação. A gestão municipal, igualmente, passa por semelhante adaptação socioeconômico-administrativa.

Como a Bahia é a unidade que vamos tomar como exemplo, para o desenvolvimento de nossas ideias, vamos a ela.

A BAHIA NO BRASIL

Com 565.000km², representando 6,4% do território seco nacional, e 36,34% do Nordeste, a Bahia é o quinto maior estado brasileiro, abaixo, apenas, do Amazonas, Pará, Mato Grosso e Minas Gerais, e, com pouco mais de 15 milhões de habitantes, correspondentes a 7,5% da população, é o quarto, superado por São Paulo, Minas Gerais e Rio de Janeiro, nessa ordem. Do território baiano, 69,31% se encontram no Semiárido. O estado possui o mais extenso litoral do país e um dos mais belos, com 1.183 km, onde se localizam cidades importantes, entre as 46 (quarenta e seis) debruçadas sobre o mar, a exemplo de Caravelas, Prado, Porto Seguro, Cabrália, Ilhéus e a capital do estado, Salvador. Se somarmos à extensão da costa baiana os contornos da baía de Todos os Santos e da baía de Camamu, o total da costa subirá a 1.605 quilômetros lineares.

Em matéria de Produto Interno Bruto, porém, a Bahia despenca para o oitavo lugar, ficando abaixo de São Paulo, Rio de Janeiro, Minas Gerais, Rio Grande do Sul, Paraná, Santa Catarina e, recentemente, mesmo que por pequena margem, do Distrito Federal, que inclui Brasília e suas cidades satélites. Um estado com o conjunto dos atributos geográficos, históricos, naturais e populacionais, como a Bahia, ser ultrapassado por uma cidade, Brasília, foi acontecimento que doeu fundo no amor-próprio dos baianos esclarecidos, fato que revela, também, a lamentável vocação do Brasil para sediar absurdos como o da excessiva concentração de renda inter-regional e interpessoal.

Pior, ainda, é a renda *per capita* dos baianos. No ano de 2017, era a 19ª, acima, apenas, do Rio Grande do Norte, Paraíba, Acre, Piauí, Pará, Ceará, Alagoas e do paupérrimo Maranhão. Logo abaixo, na 20ª posição, também está a Bahia na fruição do IDH (Índice de Desenvolvimento Humano) brasileiro. Como se vê, são péssimos indicadores, porque, além de crescer pouco, no plano econômico, a Bahia se desenvolve menos ainda, humanamente, e, o que é pior, de modo excessivamente desequilibrado!

O mais populoso do Nordeste, a Bahia é, também, o estado que apresenta o maior número de pessoas com o mais baixo usufruto dos benefícios da civilização, tais como: maior número de analfabetos, de subempregados, de sub-habitações (mais de 50% sem saneamento básico, inclusive 20% sem banheiro, sanitário ou água corrente; dos que têm água corrente, um terço sem tratamento); 33% sem coleta de lixo; o maior número de tuberculosos, chagásicos e leprosos. Salvador, terceira em população, além de uma das mais violentas, vem liderando, há décadas, a taxa de desemprego entre as capitais do país.

Internamente, a Bahia é, no plano intermunicipal, a mais perfeita reprodução da excessiva concentração de renda interestadual do Brasil. Basta ver que a RMS (Região Metropolitana de Salvador), com menos de um quarto da população geral do estado, detém mais de 80% do seu PIB industrial.

É imperativo do interesse social e econômico que se adotem medidas destinadas a iniciar vigoroso processo de desconcentração de renda, com nítidas vantagens para o desenvolvimento econômico e social do estado, o que só será alcançado, de modo consistente, com a elevação do nível educacional das regiões mais pobres, e são pobres porque são pobremente educadas.

Agravando esse panorama, a Bahia sofre preocupante processo de desindustrialização, como destacou o economista Armando Avena, em artigo publicado no jornal *A Tarde*, em 10/8/2017, intitulado "A Desindustrialização da Bahia":

"O estado está se desindustrializando, sendo aqui mais acentuada a crise que afetou todos os estados brasileiros, declinando sua posição no ranking nacional da industrialização. No primeiro semestre de 2017, por exemplo, enquanto a indústria nacional cresceu 0,5%, a indústria baiana registrou uma queda de 7,4%, a maior redução entre todos os estados pesquisados pelo IBGE. No mesmo período, o estado de Santa Catarina, que recentemente superou a Bahia, tornando-se o 6º maior PIB do Brasil, cresceu 3,3%, enquanto estados do Nordeste, como Ceará e Pernambuco, cresceram 0,6%. A desindustrialização que vem ocorrendo na Bahia não é, todavia, um problema conjuntural, é um problema estrutural que precisa ser discutido para que possa ser estancado. A indústria baiana está perdendo importância relativa tanto em relação aos demais estados da federação quanto internamente, na formação do PIB baiano. Em 2010, a indústria como um todo representava 26,5% do PIB da Bahia e era o setor que mais crescia; sete anos depois representa cerca de 20% e sua produção vem caindo mês a mês, por dezesseis meses seguidos. A produção da indústria de transformação, que é o principal segmento do setor industrial, com empresas petroquímicas, montadoras de automóveis e outras, vem despencando ano a ano, com muitas empresas fechando e outras reduzindo a produção. A indústria de transformação baiana, que em 2004 representava 16,5% do PIB, reduziu sua participação para 13,9% em 2010, e deve fechar 2017 representando cerca de 9% na formação do PIB baiano. Isso significa que o estado está se desindustrializando de forma acelerada. E, se internamente a perda de posição é nítida, em relação aos demais estados da federação é dramática. A Bahia perdeu posição no PIB do Brasil, reduziu sua participação no PIB do Nordeste e, embora ainda se mantenha como sétima província industrial do país, a produção industrial cresce menos que outros estados, como Santa Catarina e Goiás. Em 2010, a Bahia gerava 4,1% da produção industrial do Brasil e 45% do Nordeste, mas foi gradualmente perdendo posição e em 2015 gerou cerca de 3,5% da produção industrial brasileira e aproximadamente 40% da produção nordestina. O fato é que a Bahia está se desindustrializando e ficando um estado cada vez mais dependente do setor serviços – grande parte dele caracterizado pela baixa complexidade e qualificação – e da administração pública, que elevou sua participação na formação do PIB baiano para mais de 20%. Ou seja, na Bahia o setor público tornou-se mais importante do que o setor industrial. O processo de desindustrialização do estado vem se dando em várias frentes, comandado pela redução na produção de petróleo da Refinaria Landulpho Alves, pela obsolescência de parte do setor petroquímico, com exceções como a Braskem, Basf e outras, pela falta de competitividade das empresas em função dos gargalos logísticos e pelos altos preços das matérias-primas e da energia. A Bahia ainda é o maior estado industrial do Nordeste, mas frente ao quadro atual o governo do estado e a Federação das Indústrias do Estado da Bahia – Fieb precisam mobilizar as lideranças empresariais, elaborar planos e propostas para atrair empresas e estimular o empresariado local a investir para assim recuperar a pujança do setor; afinal, se nada for feito, a força industrial da Bahia pode se esvair rapidamente."

Como se vê, o tema de como governar o nosso estado é de premente significado e urgência. Vamos, pois, a ele.

MAPEAMENTO VOCACIONAL DA BAHIA

O território baiano conta com treze bacias hidrográficas, sendo a do rio São Francisco a maior delas, com grande potencial hidrelétrico e onde se encontram usinas de grande porte, como Sobradinho, Paulo Afonso e Itaparica. As bacias dos rios Itapicuru, de Contas e Paraguaçu são exclusivamente baianas. Na bacia do rio Paraguaçu, curso d'água de múltipla utilização, localiza-se a barragem de Pedra do Cavalo. As demais bacias são de grande importância para a economia estadual.

A variação pluviométrica no território baiano cai de 2.600 mm, entre Salvador e Ilhéus, no litoral, para 400 mm, no extremo norte do estado, oscilação responsável pela diversidade climática aí existente, como o úmido, subúmido, semiárido e árido. O potencial ambiental baiano compreende os biomas do Cerrado, da Caatinga e da Mata Atlântica.

O Cerrado se distingue por sua exuberante biodiversidade, servida por grande quantidade de água, sob a influência da bacia do São Francisco. É aí que se encontram as atividades agrícolas de ponta.

A Caatinga ou savana estépica é bioma autóctone brasileiro, com grande diversidade paisagística e riqueza biológica, sede de algumas ilhas de prosperidade.

Da Mata Atlântica original, que se estendia do Rio Grande do Norte ao Rio Grande do Sul, remanesce, apenas, cerca de 5%, que se distribuem, numa estreita faixa no sentido leste-oeste, do litoral para o interior, dilapidação ecológica que explica os maiores cuidados na preservação do que ainda resta desse importante bioma. Um pouco menos de duzentas unidades de conservação, UC, de caráter municipal, estadual e federal, cuidam da preservação desse patrimônio, com as falhas características da leniência observada na fiscalização do acervo ecológico brasileiro. Na Bahia, a quase totalidade do que resta da Mata Atlântica se localiza entre a cidade de Valença, no Baixo Sul, e a cidade do Prado, no sul do estado, compreendendo toda a região cacaueira e um pouco mais.

Salvador, capital estadual, com cerca de 3 milhões de habitantes, é a terceira maior cidade brasileira, depois de São Paulo e Rio de Janeiro. Em seguida, no estado da Bahia, vêm Feira de Santana, com aproximadamente 620 mil, Vitória da Conquista com cerca de 350 mil e Camaçari, beirando os 300 mil. No final da lista aparecem Lajedinho e Catolândia, ambas com pouco menos de 4 mil habitantes.

Na Bahia, primeiro estado do país a delimitar integralmente a totalidade do seu espaço geográfico em territórios de identidade, tratando-os, desde então, como unidades de planejamento, foram criadas, no ano de 2007, pelo governo estadual, 26 regiões, territórios esses que estão distribuídos nas 15 microrregiões administrativas do estado. As principais atividades econômicas ocupam distintos espaços geográficos do território baiano, ficando na Região Metropolitana de Salvador os setores de serviços e as indústrias petroquímica e automobilística. No Cerrado, a oeste do estado, concentra-se a produção de grãos, com ênfase na soja e no algodão. No submédio São Francisco, ao norte, a fruticultura irrigada lidera, cabendo aos municípios em volta sediar o maior rebanho caprino do país. Enquanto, ao sul, Itambé e Itapetinga ocupam a ponta na pecuária bovina e seus derivados, e o planalto de Conquista sedia a maior produção de café, os municípios situados na região litorânea se afirmam na produção de cacau, na silvicultura e na produção de celulose, além de um turismo crescente. A atividade de mineração localiza-se, sobretudo, no centro e no Sudoeste do estado.

É interessante observar que a Bahia inaugurou a realização de programas de planejamento, a partir dos anos de 1950, com as conhecidas Pastas Rosas de Rômulo Almeida, assim batizadas pela cor do papel em que o notável economista escreveu suas anotações, numa sala da Escola de Enfermagem, cedida pelo então reitor Edgar Santos. O Plandeb – Plano de Desenvolvimento da Bahia, de 1959, propunha, em caráter inovador, a integração sistêmica e sinérgica das atividades comerciais, agrícolas e industriais. É verdade que aquele passo inicial para vingar e produzir resultados dependia de uma expressiva concentração de esforços destinados a gerar massa crítica, viabilizadora de sua sobrevivência, em área dotada de mercado de consumo, o maior dos quais, para não dizer o único de então, estava na zona de influência imediata de Salvador, capital do estado. A implantação do CIA – Centro Industrial de Aratu, de outros centros industriais no interior, e do Polo Petroquímico e Automotor de Camaçari decorreram dessa pioneira matriz infraestrutural, base do processo de industrialização da Bahia, que se integrou ao mercado nacional, também em fase de integração. É verdade que o desenvolvimento social das populações contidas no raio de alcance desse núcleo industrial não se processou no mesmo ritmo do crescimento econômico, circunstância que é própria do desequilíbrio dinâmico que caracteriza essas duas dimensões do avanço humano: o econômico e o social. Desequilíbrio que acompanha os desníveis educacionais.

O equivocado juízo crítico dos que demonizam o modo como essa dicotomia econômico-social se processou não leva em conta que o maior inimigo do bom não é o ruim, mas o ótimo, na proporção em que posterga o avanço humano para as calendas gregas, em nome do alcance de uma operação ideal que levou à ruína todas as nações socialistas que optaram por reinventar a roda, a exemplo da União Soviética e seu infeliz satélite, Cuba.

BREVE SÍNTESE HISTÓRICA

Os primeiros quatro séculos da vida econômica do estado da Bahia, até meados de 1960, quando o governador Lomanto Júnior criou o Centro Industrial de Aratu, foram caracterizados, essencialmente, por uma economia de produtos primários destinados ao consumo interno e à exportação, ao longo dos quais se destacaram, sucessivamente, o pau-brasil, o açúcar, o algodão, o fumo e o ouro.

No século XVIII, passamos a produzir farinha de mandioca, aguardente e soja, a última derivada de uma pecuária em franca ascensão. É interessante notar que, graças, também, à sua privilegiada localização geográfica, no centro da costa brasileira, e às excelentes condições de acesso e segurança oferecidas pela baía de Todos os Santos, a Bahia, a partir do século XVIII, passou a funcionar como entreposto do comércio, nos dois sentidos, com a Europa, África, Sul do Brasil e países do Prata. Algo parecido com o embrionário e seminal papel que Cingapura exerce na entrada do mar da China, ou Dubai, na boca do golfo Pérsico. A Bahia exportava, além do pau-brasil, na fase inicial, açúcar, café, algodão, fumo, diamantes, madeira e couro, e importava tudo o mais que consumia, como bacalhau e outros pescados em conserva, azeite, vinho, farinha de trigo, remédios, ferragens, carvão de pedra, sapatos, tecidos, linho, lá etc. O cacau só apareceria na virada do século XIX para o XX.

Iniciado no governo Antônio Balbino, o Plandeb (Plano de Desenvolvimento da Bahia) foi concluído em 1959, no início do governo Juracy Magalhães, contemporaneamente à criação da Sudene, no Governo Kubitscheck, sob a liderança técnica de Celso Furtado. O Plandeb teve o propósito de integrar, de modo racional, as ações dos setores agrícola, industrial e comercial, com vistas ao desenvolvimento harmônico do estado. Ainda que não tenham correspondido ao desejado, os resultados obtidos pelo plano, ao longo das décadas seguintes, foram extremamente positivos, levando a Bahia a decifrar o famoso "enigma baiano" posto por Otávio Mangabeira, segundo o qual, não obstante possuir todos os pré-requisitos, o estado não conseguia se desenvolver. Há quem aponte o legado humanístico deixado pelos colégios jesuítas como o fator responsável pela indiferença de nossas elites pelo desenvovlmento industrial, até a primeira metade do século XX. Os trabalhos físicos, desde um simples carregar de bagagem pessoal, eram encarados como coisa da ralé. Isso explicaria o baixo desempenho industrial da Bahia, no contexto brasileiro, relativamente ao porte de sua população.

O percentual de nossa participação no PIB industrial sempre se situou abaixo do percentual do estado sobre a população nacional, e continua caindo, como veremos adiante.

A construção da Refinaria de Mataripe, da qual resultou a implantação de um pequeno complexo mineral-metalúrgico em Candeias, só, secundariamente, interessou à Bahia, sendo mais um feito de interesse nacional, sediado no estado. O Polo Petroquímico e a Indústria Automobilística, em Camaçari, fecharam com chave de ouro este redentor processo seminal. Tudo isso conquistado com uma fração dos desvios de dinheiro denunciados na Operação Lava-Jato, ou dos empréstimos apadrinhados feitos pelo BNDES, para reduzir custos financeiros de empresas "amigas" e assegurar votos de países bolivarianos em favor do Brasil para ocupar uma cadeira no Conselho de Segurança da ONU, a ser ocupada pelo ex-presidente Lula, em flagrante desvio da finalidade do banco, que é o financiamento de projetos estruturantes destinados a alavancar a economia do país, a exemplo de banco semelhante existente na Coreia do Sul. E o que dizer da megapilhagem praticada contra os fundos de pensão, em valores que se aproximam dos 100 bilhões de dólares?

CONCENTRAÇÃO

Mais de 80% do parque industrial baiano se encontram na Região Metropolitana de Salvador, que detém, apenas, 23% da população do estado. Trata-se, portanto, de uma concentração excessiva numa só região, destinada, por isso mesmo, a operar como um fator de aprofundamento das desigualdades pessoais e inter-regionais.

FRACASSO DE POLOS INDUSTRIAIS DO INTERIOR

O fracasso de vários polos industriais em alguns pontos do estado decorreu da falta de quadros humanos locais aptos a empreenderem as oportunidades integrantes de uma cadeia produtiva mínima, essencial para atrair capitais maiores, nacionais ou estrangeiros. Aqui também identificamos um problema nascido da má qualidade da educação. O baixo poder aquisitivo regional fez o resto. O resultado é que a Bahia tem crescido, mas não tem se desenvolvido, o que só acontece quando o crescimento econômico se distribui pela população como um todo, alcançando, sobretudo, os segmentos menos aquinhoados da sociedade. É verdade que esses segmentos se beneficiarão do desenvolvimento na proporção direta da qualidade do seu acesso a uma educação de qualidade. Na sociedade do conhecimento em que estamos imersos, a elevação da renda dos setores mais pobres não se dará antes que eles se eduquem. Enquanto continuarem à margem de uma educação de qualidade, serão objeto de manipulação da politicagem populista que os domina, à base de eternos programas assistencialistas, como o Bolsa Família e Minha Casa, Minha Vida.

Mesmo aos trancos e barrancos, e com atraso, relativamente ao registrado nas economias mais desenvolvidas, em 1970, na Bahia, o setor secundário – indústria – ultrapassava o tradicional setor primário – agricultura – e ambos somados, abaixo do setor terciário, serviço. O crescimento do PIB industrial baiano não tem sido capaz de impedir a redução do seu significado no quadro da indústria brasileira. O setor agrícola, por sua vez, além de perder expressão na formação do PIB baiano, apresenta instabilidade, em face de questões de natureza climática e mercadológica, nos segmentos dependentes de exportação, e dos erros da política econômica do governo federal, sem falar nas deficiências da infraestrutura física, a mais evidente das quais é a precariedade da BR 101, o maior cemitério a céu aberto do continente americano. Dois por cento dos recursos emprestados a governos bolivarianos, pelos governos petistas, seriam suficientes para duplicar a BR 101 no estado da Bahia. Os tributos advindos dos ganhos de produtividade das pessoas e produtos que usassem a estrada duplicada pagariam os investimentos na duplicação em menos de três anos, como tivemos a oportunidade de detalhar em artigo que escrevemos para a *Tribuna da Bahia*, em 06/3/2014, que transcrevemos abaixo:

"O porto de Mariel e a BR 101
Joaci Góes

Findo o Carnaval, resolvemos retornar de Porto Seguro a Salvador, por via terrestre, através da BR 101, quando fomos possuídos pela instigante reflexão sobre o que ocorreria se os 957 milhões de dólares que o governo brasileiro investiu no porto de Mariel, o ponto de Cuba mais próximo dos Estados Unidos, tivessem sido aplicados na duplicação dessa rodovia que, inaugurada em 1971, não recebeu qualquer benfeitoria ao longo de mais de quatro décadas de transporte de mercadorias e pessoas.
A fuga de 125 mil cubanos de Cuba para os Estados Unidos, em 1980, foi batizada de o Êxodo de Mariel. Os milhares de infelizes que pereceram na travessia oceânica ou nas mãos da truculenta ditadura cubana ficaram conhecidos como os 'marielitos'.
Porta-vozes oficiais declaram não poder explicar os motivos que levaram o governo a investir no exterior numa área em

que as carências brasileiras respondem de modo ostensivo por nossa perda de competitividade no comércio internacional, em razão da existência de um contrato secreto que só pode ser revelado no ano de 2027. Isto é: o povo brasileiro que financia essa aventura bolivariana não tem o direito de conhecer o destino dado aos pesados tributos que lhe são impostos. Qual o prazo do financiamento; quais as garantias; qual a taxa de juros?
Sem mencionar a precariedade de nossa infraestrutura física, em áreas fundamentais como saneamento básico, aeroportos, portos e rodovias, façamos uma conta ligeira sobre a relação custo-benefício entre esses investimentos realizados no feudo ditatorial dos irmãos Castro ou na modernização da BR 101, que, além de encarecer a circulação de pessoas e coisas, tem sido a tumba de tantos brasileiros de todos os naipes sociais cujas vidas têm sido tragadas pelo reinante paradoxo de 'motoristas de hoje dirigirem carros de amanhã, em estradas de ontem'".

Os recursos investidos no porto de Mariel, com toda a probabilidade a fundo perdido, já que o socialismo cubano não é capaz de produzir, sequer, o que comer, seriam suficientes para duplicar a BR 101 no trecho que liga a Bahia ao Rio de Janeiro, passando pelo Espírito Santo, com um padrão de qualidade que quadruplicaria o turismo terrestre, reduziria, significativamente, o custo do transporte dela dependente e elevaria a produtividade das pessoas.

Um superficial raciocínio aritmético nos permite inferir que os 40 mil veículos que a utilizam, diariamente, em diferentes trechos, nos dois sentidos, com quatro pessoas por veículo, média obtida entre os transportes individuais e os coletivos, transportam 160 mil passageiros. A duplicação, ensejando a redução do tempo médio diário de deslocamento das pessoas em duas horas, proporcionaria uma economia de 320 mil horas/dia. Considerando que a renda *per capita* dos 200 milhões de brasileiros é de 7 mil dólares/ano, e que a jornada média de trabalho é de 200 horas/mês, a um custo médio de três dólares e 17 cents, a economia de 320 mil horas diárias no deslocamento dessas pessoas ensejaria uma renda de pouco mais de um milhão de dólares, diariamente, perfazendo cerca de 380 milhões de dólares anuais! Isso significa que o retorno dos recursos que foram aplicados no ralo sem fundo de Mariel retonaria à sociedade brasileira, integralmente, a cada dois anos e meio. Isso sem falar nos benefícios advindos do barateamento dos custos de transporte, no aumento dos empregos e ganhos do desenvolvimento turístico e, sobretudo, na redução brutal da perda de vidas preciosas num tráfego que beira a loucura.

Os financiamentos de projetos em Angola, que já sobem a 5 bilhões de dólares, também precisam ser explicados ao povo brasileiro.

Ou será que já caimos vítimas da maldição de Vladimir Maiakovski?

> Primeiro, eles vêm à noite, com passo furtivo, arrancam nossas flores e não dizemos nada. Na segunda noite, mais desenvoltos, pisoteiam nosso jardim, matam nosso cão, e não dizemos nada. Até que um dia, o mais frágil entre eles, entra sozinho em nossa casa, rouba nossa luz, e, ciente de nossa covardia, arranca-nos a voz da garganta, e já não podemos dizer nada.

CONCENTRAÇÃO EXCESSIVA

A concentração do desenvolvimento em poucos espaços caracteriza o mal distribuído dinamismo econômico da Bahia, replicando o desequilibrado desenvolvimento brasileiro. De fato, enquanto mais de 90% da indústria de transformação – sobretudo os setores químico, metalúrgico e automobilístico –, se localizam na macrorregião de Salvador, que inclui Feira de Santana, representando o grosso do PIB estadual, apenas as regiões em torno de Teixeira de Freitas, Vitória da Conquista, Guanambi, Barreiras, Irecê e Juazeiro despontam como polos emergentes de promissora expressão econômica. Mais de dois terços das exportações baianas saem da macrorregião de Salvador que responde, ainda, por semelhante percentagem dos empregos com carteira assinada. A concentração, aí, da oferta de serviços de qualidade é, ainda, maior.

Essa concentrada mancha de desenvolvimento se estende ao longo de todo o extenso litoral baiano que, além da Região Metropolitana de Salvador, alcança, ao sul, a região cacaueira, centrada em Ilhéus, o turismo, dominado por Porto Seguro, e o polo celuloidico, em Eunápolis e Mucuri. O litoral norte vem expandindo, de modo consistente, seu grande potencial turístico.

Todas as demais regiões do estado gravitam em torno de atividades agrícolas de desempenho medíocre, com poucas exceções, como as de Juazeiro, com excelentes projetos na área da fruticultura, inclusive para exportação, com um ascendente parque vinicultor; a região de Barreiras, com destaque para o município de Luís Eduardo Magalhães, graças à produção de soja, fruticultura e modernização de sua pecuária bovina e, muito recentemente, uns poucos municípios ao redor de Paripiranga, Adustina e Sítio do Quinto, no Nordeste do estado. Essas regiões em ascensão econômica deveriam ser utilizadas como centro de treinamento dos agricultores residentes em áreas de economia estagnada. A sabedoria chinesa cunhou a lição segundo a qual "esquecemos o que escutamos, lembramos do que vemos e aprendemos o que fazemos".

O conjunto desses espaços mais dinâmicos, que ocupa pouco menos de um terço do território estadual, abrigando dois terços da população, concentra mais de 95% da receita do ICMS. A silvicultura e as atividades extrativas vegetais, que já representaram pouco mais de 10% da produção agropecuária do estado, possuem grande potencial a ser aproveitado, uma vez explorado adequadamente.

CAPÍTULO 2

AS MICRORREGIÕES

As 15 microrregiões em que se distribuem os 417 municípios da Bahia, para efeito de harmonização das ações desenvolvimentistas, têm como capitais regionais, além de Salvador, as seguintes sedes municipais: Alagoinhas, Santo Antônio de Jesus, Ilhéus, Teixeira de Freitas, Paulo Afonso, Feira de Santana, Vitória da Conquista, Juazeiro, Jacobina, Irecê, Seabra, Guanambi, Bom Jesus da Lapa e Barreiras. Observe-se que dos 417 municípios baianos, nada menos do que 236 têm uma população inferior a vinte mil habitantes; desses, 161 estão abaixo de quinze mil, e 64 não chegam a dez mil habitantes!

Uma ação concertada entre os governos federal e estadual, de mãos dadas com o setor privado, no sentido de dar a cada uma dessas regiões completa autonomia no exercício das potencialidades humanas que constroem cidadanias sólidas, é o caminho mais seguro para aproximar a Bahia do patamar de bem-estar social e de prosperidade material a que sua população aspira. Autonomia, significando o mais completo acesso a serviços de educação de qualidade, em todos os níveis, saúde do mesmo padrão de Salvador, saneamento básico, segurança pública e outros. Basta ver que há países com populações equivalentes ou menores do que as das menores microrregiões do estado da Bahia. Há trinta países com população inferior a um milhão de habitantes, a começar pelo Vaticano, o menor de todos, e terminando com Luxemburgo, com pouco menos de 500 mil habitantes.

Entre esses dois extremos, temos Nauru, Tuvalu, Palau, Ilhas Marshall, Kiribati, Tonga, Micronésia, Samoa e Vanuatu, na Oceania, respectivamente, com 10 mil, 11 mil, 20 mil, 54 mil, 98 mil, 100 mil, 110 mil, 178 e 240 mil habitantes; San Marino, Mônaco, Liechtenstein, Andorra, Islândia e Malta, na Europa, respectivamente, com 31 mil, 32 mil, 35 mil, 82 mil, 322 mil e 408 mil habitantes; São Cristóvão e Névis, Dominica, Antígua e Barbuda, Granada, São Vicente e Granadinas, Santa Lúcia, Barbados, Belize e Bahamas, na América Central, respectivamente, com 46 mil, 70 mil, 82 mil, 103 mil, 109 mil, 172 mil, 255 mil, 306 mil e 341 mil habitantes; Seichelles e São Tomé e Príncipe, na África, com, respectivamente, 84 mil e 162 mil habitantes, e, finalmente, Maldivas e Brunei, na África, com 310 mil e 400 mil habitantes, cada um.

Enquanto isso, das microrregiões da Bahia, cinco têm mais de um milhão de habitantes, e apenas duas estão abaixo das 400 mil almas!

Do ponto de vista das dimensões territoriais, a expressividade dessas microrregiões é ainda mais gritante. Basta ver que a menor delas, o Recôncavo Sul – à exceção da reduzida Metropolitana de Salvador –, com 10.840km², é maior do que os 10.115km² correspondentes à soma dos territórios dos 25 menores países do planeta, a saber: Vaticano, com

0,44km²; Mônaco, com 2km²; Nauru, 21km²; Tuvalu, 26km²; Marino, 61km²; Liechtenstein, 160km²; Ilhas Marshall, 191km²; São Cristóvão e Névis, 261km²; Maldivas, 298km²; Malta, 316km²; Granada, 344km²; São Vicente e Granadinas, 388km²; Barbados, 430km²; Antígua e Barbuda, 440km²; Andorra, 453km²; Seychelles, 455km²; Palau, 459km²; Cingapura, 618km²; Santa Lúcia, 622km²; Barein, 678km²; Micronésia, 702km²; Kiribati, 726km²; Tonga, 747km²; Dominica, 751km²; São Tomé e Príncipe, 946km².

Cingapura, com apenas 618km², compete com o Brasil no volume de suas reexportações para os países que se debruçam sobre o mar da China, à cuja entrada está estrategicamente situado, façanha digna de um conto de fadas. Dados de 2014 apontam para uma taxa de desemprego de 2%, população de 1,8% abaixo da linha de pobreza, inflação de 0,2%, exportações de 410 bilhões de dólares, que deixaram um saldo na balança comercial de US$ 43,5 bilhões!

É evidente que a tarefa de governar bem um estado qualquer, em nosso caso a Bahia, consiste, essencialmente, em fomentar os mecanismos capazes de conferir a cada uma de suas regiões administrativas os meios para o pleno desenvolvimento do potencial de seus habitantes, paralelamente ao levantamento minucioso de suas riquezas materiais, efetivas e potenciais, como se autônoma fosse. Se, perante Deus e as urnas, todas as pessoas têm o mesmo valor, do ponto de vista do seu significado para o desenvolvimento econômico e social, o valor de cada indivíduo se mede por sua capacidade de contribuir para o desenvolvimento da coletividade, diferencial definido pelo nível educacional. Na sociedade do conhecimento em que estamos imersos, mede-se o valor de um povo pela qualificação intelectual de seus filhos. Sem educação de qualidade, as pessoas oscilam entre dispensáveis e ou onerosas. Não há investimento de rentabilidade comparável ao que se faz na preparação das pessoas, percepção quase ausente no espírito de nossas elites dirigentes.

Fica muito claro, portanto, que oscila entre prosaico e falacioso o argumento que relega a plano secundário, como se rebotalho fosse, o destino dessas comunidades, tradicionalmente periféricas, seja pela sua expressão populacional, seja pela sua aparente insignificância territorial. A esse erro palmar temos sido historicamente induzidos, no Brasil, em geral, e na Bahia, em particular, em razão de nossa dupla grandeza, territorial e populacional. Há quem considere que a qualidade de vida dos brasileiros seria bem melhor se não fôssemos tão grandes e dispersos, graças ao trabalho aglutinador de três grandes vultos de nossa história: Caxias, Rio Branco e Marechal Rondon. Para a compreensão desse raciocínio, comparem-se com o nosso os padrões de vida dos uruguaios e chilenos, na América do Sul, para não falar dos de dezenas de outros povos, abaixo de quem nos encontramos, em matéria de usufruto social ou IDH.

A verdade é que cada uma dessas microrregiões da Bahia tem potencial para operar níveis elevados de desenvolvimento, faltando, apenas, o requisito de uma educação de qualidade, que é o grande fator diferencial entre os povos, na sociedade do conhecimento em que vivemos. Uma política de elevado desenvolvimento econômico e social, autossustentável, depende, diretamente, do papel que a educação ocupe no plano das prioridades da gestão estadual ou federal, uma vez que, na média geral, a percepção dos gestores municipais, sobre a relevância da educação no desenvolvimento das pessoas e dos povos, oscila entre pobre e paupérrima, com raras exceções. A Bahia, como qualquer unidade federada, só crescerá ao nível de suas potencialidades quando ensejar o acesso à educação de qualidade a cada um dos seus habitantes, a começar pelos oriundos das famílias de mais baixa renda que não têm acesso ao ensino privado. Tarefa, a um só tempo, tão desejável quanto possível, sem ufanismos utópicos. Um dos mecanismos indispensáveis a alcançar esse propósito é o governo concentrar-se na preparação de uma infraestrutura física e social de qualidade, deixando ao setor privado, nacional ou estrangeiro, a tarefa de produzir riqueza. Com as atenções voltadas para usufruir os privilégios proporcionados pelas vacas leiteiras representadas pelas empresas estatais, de que o Brasil é campeão mundial, com a única exceção da China, nossa infraestrutura, responsabilidade do governo, vai de mal a pior.

A CONSTRUÇÃO DA CIDADANIA

Ao nascer, exceção feita ao imponderável, os indivíduos são uma página em branco. O seu desempenho no contexto social vai depender da qualidade do conteúdo impresso nesta página, a que chamamos educação, uma moeda, furada no meio, tendo, de um lado, os valores religiosos, éticos e morais, e, do outro, os conhecimentos para responder às demandas da vida material. Sem educação, os construtores das civilizações, como Heródoto, Buda, Confúcio, Heráclito, Sócrates, Aristóteles, Jesus Cristo, Maomé, Dante, Galileu, Newton, Marx, Einstein, Rui Barbosa e Castro Alves seriam, na melhor das hipóteses, figuras interessantes ao meio social, por sua esperteza ou sabedoria natas. Por outro lado, conta-se, aos milhões, o número de homens e mulheres que viveram e morreram no olvido, em razão dos espaços vazios ou pobremente preenchidos na página que receberam no dia do nascimento.

A mais importante de todas as medidas, para quem quer que governe uma unidade federada, consiste em atribuir a máxima prioridade à educação como instrumento de transformação das pessoas e do meio em que vivem, merecendo ênfase especial a recomendação para que este processo se inicie em fase tenra de suas vidas, sem perder de vista, porém, a importância de ensejar aos adultos a possibilidade de melhorar o seu desempenho em seja qual for o mister. É dispensável encarecer a importância de que, do ponto de vista do aprendizado ou do ensino de massa, para lidar com o mundo social, político e econômico, o conteúdo da educação deve levar em conta a realidade à volta, já que não se educa no vazio. Assim, o conteúdo da educação ou do ensino básico deve tomar como referência o conjunto das características regionais, como o fazem os pequenos países a que aludimos, razão do gozo de sua reconhecida originalidade e distinção perante o mundo. Ocupando o Semiárido, como ocupa, parcela tão vasta do estado da Bahia, não se compreende que não se tenha, até os nossos dias, desenvolvido uma educação e uma tecnologia voltadas para o aproveitamento racional e harmônico de suas marcantes singularidades regionais, como abordaremos adiante.

Esses dados e reflexões são suficientes, por si sós, para demonstrar a importância de considerarmos cada uma das diferentes microrregiões como uma unidade autônoma, em si mesma, merecedora de um tratamento que enseje a otimização de suas possibilidades potenciais. Uma política de descentralização de um desenvolvimento consistente deve ser realizada, pois, levando-se em conta as possibilidades objetivas de cada uma das diferentes microrregiões, auferindo ao conjunto da economia estadual as vantagens decorrentes de sua rica diversidade na oferta de produtos e serviços.

CARACTERÍSTICAS REGIONAIS

Vejamos, *à vol d'oiseau*, as características de cada uma dessas 15 regiões, com o propósito de identificar suas potencialidades socioeconômicas mais promissoras. Na realidade, os limites de cada uma delas são fixados em função da homogeneidade de suas características naturais, não respeitando, portanto, os limites políticos entre os municípios. Por isso, enquanto alguns municípios integram, na totalidade de sua área, uma dada região, outros a integram parcialmente, variedade que permite, de fato, que um município pertença a duas ou mais regiões. Para fins didáticos, porém, vamos considerar como completamente pertencentes a uma região os municípios que no todo ou em sua maior parte estejam nela. Por outro lado, só em caráter incidental, aludiremos a aspectos da evolução histórica de cada uma dessas regiões, quando sua menção interessar ao manejo das medidas que a atualidade impõe, como pode ser o caso dos produtos tradicionais do estado, como o algodão, a cana-de-açúcar, o cacau, a mandioca, o ouro, o diamante, a pecuária, o café, a piaçava, o pau-brasil, madeiras de lei etc., produtos cuja receita de exportação ensejou ou enseja a importação de tecidos, vinhos, azeite, farinha de trigo, bacalhau e outros peixes em conserva, calçados, sisal, remédios e ferragens, dentre outros – uma vez que não estamos escrevendo sobre a história do desenvolvimento da Bahia, mas propondo um plano de ação eficaz para a maximização de suas possibilidades.

A EDUCAÇÃO COMO MEIO DE AGREGAÇÃO DE VALOR ÀS MATÉRIAS-PRIMAS

É claro que na sociedade do conhecimento em que estamos imersos, a superação da dependência dos países produtores de matérias-primas encontra na agregação de valor a essa produção primária a grande saída. O crescimento do Brasil esteve sempre dependente da dinâmica da economia mundial, não obstante o papel crescente desempenhado pelo consumo interno. Quando em fase de expansão, o mundo, faminto por matérias-primas, adquire, acriticamente, os produtos brasileiros, beneficia-os, agregando-lhes valor e, não raro, os reexporta, como são os conhecidos casos da Suíça, grande produtor de chocolate, sem ter um pé de cacau, e da Alemanha, maior exportador de café de qualidade, sem dispor de um pé de café. A Inglaterra, apesar de possuir o território mais pobre, entre os países europeus, liderou o mundo por séculos, a partir do beneficiamento de matérias-primas importadas das mais diferentes áreas do seu vasto império. A demanda da China por produtos brasileiros, inclusive minério de ferro, foi o fator, por excelência, de sustentação recente de nosso desempenho. Neste momento, 2018, e a partir de 2008, com a desaceleração geral, caem os preços das *commodities*, sobretudo as de origem mineral, figurando a agroindústria como o único segmento de nossa economia a não compor os números da baixa de nosso PIB nacional, apequenado pelos desmandos petistas e de seus aliados.

REGIÃO METROPOLITANA DE SALVADOR

A Região Metropolitana de Salvador, ou RMS, foi criada em 1973, e conta, neste ano de 2018, com uma população inferior a quatro milhões de habitantes, pouco menos de um quarto dos quinze milhões do estado. Concentrando mais da metade do PIB estadual, é integrada pelos municípios de Salvador, Lauro de Freitas, Simões Filho, Camaçari, Itaparica, Vera Cruz, Candeias, Dias d'Ávila, Madre de Deus, Mata de São João, Pojuca, São Francisco do Conde e São Sebastião do Passé. O Polo Petroquímico e a indústria automobilística, ambos sediados em Camaçari, lideram o processo industrial da Bahia e do Nordeste. O turismo, que tem perdido força relativa no contexto brasileiro, por incompetência gerencial, oferece amplas possibilidades de crescimento, graças à variedade de atrações, presentes en todo o estado, entre as quais as mais conhecidas são as festas populares e suas praias sombreadas de verdejantes coqueirais, como a Praia do Forte, Guarajuba, Morro de São Paulo, Santo André, Porto Seguro, Ajuda e Trancoso, além das atrações da Chapada Diamantina que têm como sede o município de Lençóis, e áreas banhadas pelo rio São Francisco. O amadorismo gerencial que, com momentos de exceção, tem caracterizado a gestão do turismo na Bahia, em geral, e na Região Metropolitana, em particular, agravado pelo aumento da violência, responde pelo baixo crescimento dessa importante fonte de riqueza. Mais adiante, apontaremos os principais equívocos, de fácil correção, em que temos, persistentemente, incorrido.

REGIÃO PARAGUAÇU

Com Feira de Santana como sua capital regional, a Região Paraguaçu, com quase um milhão e meio de habitantes, cobrindo uma área de pouco mais de 34 mil km², é a terceira mais populosa do estado, beneficiando-se, historicamente, de sua proximidade com a Região Metropolitana, com quem partilha dos benefícios da chamada economia de aglomerações. É integrada pelos seguintes 42 municípios: Amélia Rodrigues, Anguera, Antônio Cardoso, Baixa Grande, Boa Vista de Tupim, Candeal, Capela do Alto Alegre, Conceição da Feira, Conceição do Jacuípe, Coração de Maria, Feira de Santana, Gavião, Iaçu, Ibiquera, Ichu, Ipecaetá, Ipirá, Irará, Itaberaba, Itaeté, Lajedinho, Macajuba, Mairi, Marcionílio Souza, Mundo Novo, Nova Fátima, Pé de Serra, Pintadas, Piritiba, Rafael Jambeiro, Riachão do Jacuípe, Ruy Barbosa, Santa Bárbara, Santanópolis, Santo Estêvão, São Gonçalo dos Campos, Serra Preta, Tanquinho, Tapiramutá, Teodoro Sampaio, Terra Nova e Várzea da Roça.

Em Feira de Santana, conhecida como a Princesa do Sertão, concentram-se os maiores investimentos em infraestrutura da região, além do Centro Industrial de Subaé, sendo, naturalmente, o principal núcleo industrial, comercial e de serviços, para o que concorre o dinamismo da pecuária e da mineração. Sua estratégica posição como o principal entroncamento da Bahia, do Nordeste, e entre o Sul e o Nordeste do Brasil, lhe confere incomparáveis vantagens como entreposto comercial.

Fernando Alcoforado anota entre as potencialidades desta região, as seguintes:

1. Agricultura irrigada e agroindústria a ela associada no vale do Paraguaçu, com a produção, predominantemente, de laranja e abacaxi.
2. Integração vertical na agricultura irrigada, no vale do Paraguaçu, e na pecuária semi-intensiva.
3. Beneficiamento e industrialização de recursos minerais da pequena mineração, com produção artesanal de cal, de rocha ornamental, lavra e beneficiamento dos minerais pegmatito, como o quartzo, o feldspato, a mica, o berilo e outros, bem como a lavra e o beneficiamento de minerais como a barita, o manganês e o cristal de rocha.
4. Produção de materiais pétreos para a pavimentação de ruas e para a construção civil.

REGIÃO LITORAL NORTE

Alagoinhas é a capital regional dos 20 municípios seguintes que integram a Região Litoral Norte, que, em pouco mais de 12 mil km², abriga uma população de cerca de seiscentos mil habitantes: Acajutiba, Alagoinhas, Aporá, Araçás, Aramari, Cardeal da Silva, Catu, Conde, Entre Rios, Esplanada, Inhambupe, Itanagra, Jandaira, Mata de São João, Ouriçangas, Pedrão, Pojuca, Rio Real, São Sebastião do Passé e Sátiro Dias.

Na razoavelmente diversificada base produtiva da região, destacam-se a exploração de petróleo e a fruticultura. Além de práticas industriais desenvolvidas nos municípios de Alagoinhas, Pojuca, Entre Rios, Mata de São João e Conde, há outras atividades em curso, como o beneficiamento de madeira, extraída das florestas de eucalipto, produção de bebidas, revestimentos cerâmicos e, sobretudo, um turismo florescente, a partir das praias paradisíacas que aí se alternam. Uma menção especial deve ser feita ao empresário-estadista, José de Carvalho, grande produtor de ferro-ligas, morto em outubro de 2015, depois de longa e silenciosa enfermidade. Ele criou uma fundação com o seu nome, no município de Mata de São João, dedicada à educação integral de crianças-prodígio oriundas dos setores mais carentes do meio social. Iniciativas como a de José de Carvalho devem ser estimuladas pelo governo, em razão de seu caráter, verdadeiramente, desenvolvimentista, na medida em que ensejam a emergência de lideranças de grande valor, aptas a contribuir para a elevação da qualidade do meio social. Nas eleições de 1986, para a Assembleia Nacional Constituinte, fizemos uma palestra para os alunos da fundação sobre a nova constituição. Dos adolescentes daquela instituição ouvimos as perguntas e comentários os mais pertinentes e inteligentes sobre os temas que vieram a ser versados na elaboração da Carta Magna.

REGIÃO DO RECÔNCAVO SUL

Santo Antônio de Jesus é a capital regional do Recôncavo Sul que conta com, aproximadamente, oitocentos mil habitantes, distribuídos em quase 11 mil km², entre os 33 seguintes municípios: Amargosa, Aratuípe, Brejões, Cabaceiras do Paraguaçu, Cachoeira, Castro Alves, Conceição do Almeida, Cruz das Almas, Dom Macedo Costa, Elísio Medrado, Governador Mangabeira, Itatim, Jaguaripe, Jiquiriçá, Laje, Maragogipe, Milagres, Muniz Ferreira, Muritiba, Mutuipe, Nazaré, Nova Itarana, Salinas das Margaridas, Santa Terezinha, Santo Amaro, Santo Antônio de Jesus, São Felipe, São Felix, São Miguel das Matas, Sapeaçu, Saubara, Ubaira e Varzedo.

O Recôncavo Sul possui clima semiárido, em face de sua irregular distribuição pluviométrica, fator contributivo para a intermitência da maioria dos cursos d'água que cortam a região, entre os quais se destacam as subbacias do rio Jaguaripe, Mocambo, rio da Dona, rio do Jacaré, rio Corta Mão, rio Jequiriçá, rio Ribeirão, rio Geleia, rio Preto das Almas, rio Velho, rio Gandu, rio do Peixe, rio da Mariana, rio Igrapiúna, rio do Engenho, rio Una, Rio Caranguejo, rio Piau, riacho do Meio, riacho Caboclo, riacho da Barriguda, riacho da Areia. Embora a caatinga esteja presente – a noroeste –, a Mata Atlântica é aí dominante, definindo a formação biótica, para o que contribui a influência de restingas e manguezais, nos diferentes estuários.

A economia local é caracterizada pelo predomínio da agricultura familiar, incluída a produção de piaçava e dendê, além de uma crescente participação do turismo na construção da riqueza regional. Como exporemos, adiante, o eixo formado por Santo Amaro, Cachoeira e Cabaceiras do Paraguaçu, dispõe de elementos para a constituição de excepcional polo de turismo cultural, a começar por sua condição de berço de figuras exponenciais da inteligência brasileira, merecendo destaque a figura solar de Castro Alves, o maior poeta das Américas e da língua portuguesa. Para muitos, como o autor destas linhas, ele é o maior poeta do mundo, em todos os tempos. Observe-se que os municípios de Cachoeira e Santo Amaro deram berço a elevado número de personalidades marcantes na vida social, política e econômica da Bahia e do Brasil. Do ponto de vista numérico, são poucas as capitais do país capazes de competir com esse binômio municipal como berço de talentos, razão pela qual o cognominamos de Atenas Brasileira.

REGIÃO LITORAL SUL

Cobrindo uma área de quase 27 mil km², a região Litoral Sul, a segunda mais populosa do estado, com cerca de 1.500.000 habitantes, tendo Ilhéus como capital, compreende 53 municípios, a saber: Aiquara, Almadina, Apuarema, Arataca, Aurelino Leal, Barra do Choça, Barro Preto, Buerarema, Cairu, Camacã, Camamu, Canavieiras, Coaraci, Dário Meira, Floresta Azul, Gandu, Gongogi, Ibicaraí, Ibirapitanga, Ibirataia, Igrapiúna, Ilhéus, Ipiaú, Itabuna, Itacaré, Itagi, Itagibá, Itaju do Colônia, Itajuipe, Itamari, Itapé, Itapitanga, Ituberá, Jitauna, Jussari, Marau, Mascote, Nilo Peçanha, Nova Ibiá, Pau Brasil, Piraí do Norte, Presidente Tancredo Neves, Santa Cruz da Vitória, Santa Luzia, São José da Vitória, Taperoá, Teolândia, Ubaitaba, Ubatã, Una, Uruçuca, Valença, Wenceslau Guimarães.

Historicamente, a cacauicultura e a pecuária bovina destacam-se entre as atividades predominantes na região, aparecendo a cana-de-açúcar em terceiro lugar. Enquanto o cacau enseja a produção, comercialização e industrialização do chocolate, doces diversos, geleia, sucos, vinho, aguardente e vinagre, além da utilização da casca dos cacauais na construção de divisórias e produção de adubos e ração animal, a pecuária proporciona a industrialização de laticínios, como leite, queijo e iogurte, além de carne frigorificada, a industrialização de farinha de osso e artigos de couro. Já a cana possibilitou a produção de açúcar e de álcool, para consumo humano, como para fins energéticos, a partir do bagaço. A cultura do dendê permitiu a industrialização, comercialização e refino do seu óleo, como alimento, substituto do óleo diesel e combustível para a indústria siderúrgica. A seringueira ou borracha vegetal é matéria-prima na produção de variados artigos, como luvas, botas, preservativos, sapatos, pneus, bem como de fertilizantes.

Ao longo das sete primeiras décadas do século XX, cresceu e se consolidou a dependência da economia baiana do dinamismo econômico desta região, até que, na década de 1970-1980, a queda do preço do cacau, agravada pela baixa competitividade da cacauicultura baiana, em decorrência, sobretudo, do advento da praga *vassoura-de-bruxa*, interrompeu este ciclo de prosperidade, instalando uma crise socioeconômica regional, sem precedentes em extensão e intensidade.

Para vencer a crise, três opções foram propostas: renovar o plantio, expandir as fronteiras agrícolas e diversificar a produção. A escolha, como saída prioritária, de renovar os cacauais revelou-se ineficaz, pela baixa eficiência dos padrões agronômicos dominantes e pelo conservadorismo dos produtores, avessos a inovações. A expansão das fronteiras foi prejudicada pela inadequação dos solos disponíveis.

A diversificação da produção, centrada em cadeias produtivas para exportação, foi a vertente que produziu os melhores resultados, graças, sobretudo, ao apoio da Ceplac – Comissão Executiva do Plano da Lavoura Cacaueira. A predominância, porém, da monocultura cacaueira estereotipou, a tal ponto, a mentalidade regional que os esforços expendidos para sua recuperação não produziram os efeitos desejados, levando a uma sensível migração das populações locais.

Outras considerações sobre as possibilidades desta importante região constam do apêndice número 1, na parte final do livro, ao lado da crítica do monumental desperdício de sucessivas administrações, razão pela qual a elegemos como modelo da prática de equívocos que devem ser evitados, sem falar na praga da corrupção, endêmica nas administrações municipais brasileiras, com as honrosas exceções de praxe. O Ministério Público estadual, Bahia e Brasil afora, deve à sociedade brasileira um protagonismo que não o deixe em tão grande desvantagem quando comparado ao seu congênere federal.

SUBÁREAS DA REGIÃO LITORAL SUL: BAIXO SUL
E CACAUEIRA BAIXO SUL

As municipalidades que integram esta subárea têm como eixo os municípios de Valença, Taperoá, Nilo Peçanha, Ituberá, Igrapiuna, Camamu e Marau. Possuem uma diversificada base produtiva, com destaque para o cacau, o guaraná, o cravo-da-índia, pimenta-do-reino, seringueira, café, laranja, banana, dendê, coco da Bahia. A mandioca figura como o maior produto sazonal. Valença, Ituberá e Camamu sediam mais de 80% da pequena produção industrial, regional, centrada em produtos derivados da madeira, alimentos e minerais não metálicos. A qualidade excepcional da extensa faixa costeira dessa sub-região habilita-a ao desenvolvimento de um vigoroso aproveitamento turístico, de que Morro de São Paulo, de fama internacional, é o expoente.

SUBÁREA CACAUEIRA

Esta sub-região, apoiada no eixo Ilhéus-Itabuna, responde por mais de 80% da produção de cacau da Região Litoral Sul. A monocultura do cacau, seu ponto forte histórico, converteu-se em seu ponto fraco, com a crise do produto, seja pela queda na cotação dos preços internacionais, seja pela ação devastadora da *vassoura-de-bruxa*.

REGIÃO EXTREMO SUL

Uma das microrregiões de perfil mais promissor do estado é a do Extremo Sul, com sede regional em Teixeira de Freitas. Aí, o turismo, proporcionado por seu belo litoral, alavancado pelo prestígio internacional de Porto Seguro, Santo André, Coroa Vermelha, Ponta Grande, Ajuda, Trancoso e Caraíva, rivaliza com as vastas plantações de eucalipto, base da indústria de celulose, capitaneada pela Suzano, em Mucury, e a Vera Cruz Celulose, em Eunápolis.

Como polo atraente de investimentos, a Região Extremo Sul só perde para a Região Metropolitana de Salvador. Nela, encontram-se grande produção de celulose e a maior rede hoteleira do estado, superada, no Brasil, apenas, pelo Rio de Janeiro e São Paulo.

Compreendendo 21 municípios, distribuídos ao longo de 29,5 mil km², onde vivem 700 mil almas, o Extremo Sul é a segunda região de maior dinamismo econômico do estado, graças, sobretudo, ao polo celulósico aí implantado e à contínua expansão do turismo que atrai números crescentes de nacionais e estrangeiros. São eles: Alcobaça, Belmonte, Caravelas, Eunápolis, Guaratinga, Ibirapoã, Itabela, Itagimirim, Itamaraju, Itanhém, Itapebi, Jucuruçu, Lajedão, Medeiros Neto, Mucuri, Nova Viçosa, Porto Seguro, Prado, Santa Cruz Cabrália, Teixeira de Freitas e Vereda. A capital regional é o próspero município de Teixeira de Freitas.

É crescente o apelo turístico da região. Apesar da insegurança dominante, traduzida no alto índice de homicídios por cada grupo de 100 mil habitantes, a região não para de sediar novos investimentos. O Aeroporto Internacional de Porto Seguro desempenha papel de excepcional relevo no desenvolvimento regional. Com muito atraso e em caráter embrionário, o Aeroporto de Teixeira de Freitas começou a operar na segunda metade de 2014. A fruticultura, aí em franca expansão, enseja a industrialização de néctares e sucos, inclusive para exportação, a partir das culturas de abacaxi, melancia, café, mamão, mandioca, melão e coco da Bahia. A pecuária bovina lidera na produção animal. Na mineração, Teixeira de Freitas sedia um núcleo produtor de mármores e granitos, cabendo a Mucuri liderar, como polo metal-mecânico, com retíficas e estrutura de manutenção de máquinas, graças à presença da Bahia Sul Celulose, do grupo Suzano, líder nacional do setor. Os excedentes dos eucaliptais não absorvidos pelas indústrias de celulose são exportados para diversas regiões do Brasil e para o exterior, como matéria-prima na produção de móveis e como suporte na construção civil, além de combustível na indústria siderúrgica, um modo de compensar o descontrole histórico na destruição da exuberante Mata Atlântica regional. A incipiente indústria de móveis em todo o estado não produz, sequer, um quarto do que a Bahia consome. É grande, portanto, o potencial desse segmento. Excetuada a indústria de celulose, é muito baixo o nível de industrialização do Extremo Sul. A extensa costa, com seus manguezais-berçários de abundante e variada fauna fluvial e marítima, dispõe de notável potencial pesqueiro. Felizmente, não se confirmaram os temores de poluição das águas azuis dos municípios litorâneos, pela tragédia ecológica de Mariana, em novembro de 2015, que carreou para o mar, através das outrora límpidas águas do rio Doce, uma aterradora massa de lama poluente.

Em cada uma dessas diferentes atividades – pecuária, fruticultura, turismo, celulose, pesca, polo madeireiro – há muito, ainda, a ser desenvolvido.

REGIÃO OESTE

Os municípios que compõem a Região Oeste, a mais extensa de todas, com 115 mil km², abrigam uma população de pouco mais de 500 mil habitantes. Tendo Barreiras como sua capital regional, a região é composta dos seguintes 23 municípios: Angical, Baianópolis, Barreiras, Canápolis, Catolândia, Cocos, Coribe, Correntina, Cotegipe, Cristópolis, Formosa do Rio Preto, Jaborandi, Luís Eduardo Magalhães, Mansidão, Riachão das Neves, Santa Maria da Vitória, Santa Rita de Cássia, Santana, São Desidério,

São Felix do Coribe, Serra Dourada, Tabocas do Brejo Velho e Wanderley.

Maior centro produtor de grãos do estado, a Região Oeste encontra-se em franca diversificação e expansão de suas possibilidades agroindustriais, cujo destaque maior vai para o município de Luís Eduardo Magalhães, líder nacional em crescimento econômico. A produção de carne concorre com a de pescado, graças às possibilidades ensejadas pela sua riqueza aquífera, composta do rio São Francisco e de alguns dos seus afluentes.

Não obstante atravessado, em toda a sua extensão, pelo navegável São Francisco, o Oeste baiano, historicamente, tem sido uma área isolada do estado, referida, quase pejorativamente, pelos que ficam à margem direita do Rio da Unidade Nacional, com os beiços alongados, como o Além São Francisco. A partir de meados do século XVIII, com a criação dos primeiros povoados, a região passou a integrar-se, vagarosamente, à vida econômica, política e social do estado. Até meados do século XX, a economia regional se apoiava na pecuária bovina e na cana-de-açúcar, a partir de quando foi sendo, gradativamente, incorporada à dinâmica estadual e nacional, com a construção do campo de pouso de Barreiras e, sobretudo, com a construção das estradas federais que cruzam a região.

A presença de agricultores do Sul do país, detentores de tecnologias mais avançadas, aprimorou e diversificou as atividades econômicas aí existentes, com absoluta predominância da produção de alimentos, cabendo a liderança ao feijão-soja, seguida da pecuária e da agricultura irrigada para fruticultura. Neste começo de terceiro milênio, o Oeste da

Bahia figura como uma das mecas brasileiras na produção de grãos, ensejando a benfazeja desarticulação das atrasadas oligarquias dominantes, paralelamente à emergência de uma classe média esclarecida e uma burguesia empreendedora. A feira de implementos agroindustriais, no antigo município de Mimoso, rebatizado como Luís Eduardo Magalhães, bate recordes anuais de venda, tendo alcançado em 2018 um bilhão e meio de reais, cerca de quatrocentos milhões de dólares, em apenas uma semana. O aspecto lamentável do desenvolvimento regional consiste no modo desordenado com que se processa a expansão urbana dos municípios mais dinâmicos, ostensivamente carentes de um plano diretor, a exemplo do próprio Luís Eduardo Magalhães, sem falar na ação predadora do MST, que tem na Bahia sua ramificação mais atrasada, dominada por saqueadores e vendedores de proteção aos produtores, no conhecido estilo do pior tipo de máfia.

A lenta morte do Velho Chico a cada dia diminui as possibilidades de navegação em suas águas barrentas e minguantes, enquanto o poder público, federal e dos estados atravessados pelo agonizante colosso potamográfico, omite-se do elementar dever de adotar as medidas capazes de evitar o indesejável, ainda que previsível, desastre em curso. Bastará uma fração dos empréstimos cedidos pelo BNDES para baratear o custo financeiro de empresas financiadoras das eleições da base de sustentação do PT, ou para financiar projetos em países bolivarianos, destinada a financiar o reflorestamento das áreas integrantes da bacia do Velho Chico, para que tenhamos restaurado o papel retentor das águas que ali caem, evitando que sua rápida evaporação e avanço para o leito dos rios ocasionem os indesejáveis ciclos de alternância de grandes secas e grandes enchentes. Paralela e gradualmente, restauraríamos a normalidade consolidada ao longo de milhões de anos, ensejando a volta da navegabilidade plena do Rio da Unidade Nacional. Os proprietários de áreas situadas na bacia do Velho Chico e de seus afluentes, apoiados em consistente suporte técnico, definiriam o tipo de vegetação a ser aí desenvolvido, consoante sua legal adequação ecológica e interesses econômicos, sem qualquer censura de um poder público que apodrece em todos os níveis da administração.

REGIÃO SERRA GERAL

Com uma população de cerca de setecentos mil habitantes, distribuídos em 29 municípios que cobrem uma área de pouco mais de 32 mil km², a Região Serra Geral, a menos urbanizada do estado, tem Guanambi, com oitenta e cinco mil habitantes, como sua capital regional e sede dos maiores investimentos.

São os seguintes os municípios da região: Aracatu, Brumado, Caculé, Caetité, Candiba, Condeúba, Contendas do Sincurá, Cordeiros, Dom Basílio, Guajeru, Guanambi, Ibiassucê, Igaporã, Ituaçu, Jacaraci, Lagoa Real, Licínio de Almeida, Livramento de Nossa Senhora, Maetinga, Malhada de Pedras, Mortugaba, Palmas de Monte Alto, Pindaí, Piripá, Presidente Jânio Quadros, Rio do Antônio, Sebastião Laranjeira, Tanhaçu e Urandi.

A cotonicultura e a mineração são as atividades econômicas predominantes na região que passou a sediar, também, um polo gerador de energia eólica, a partir de 2014. Observe-se que os 300 mw instalados tiveram que aguardar cerca de três anos, até que a linha de transmissão respectiva ficasse concluída. Tamanho exemplo de imprevidência e falta de responsabilidade com o dinheiro do contribuinte merece figurar no livro dos absurdos. E ninguém foi preso. A exploração de magnesita, em Brumado, de ametista, em Caetité e Licínio de Almeida, e urânio, em Lagoa Real, compõe as atividades mineradoras regionais. Unidades beneficiadoras do milho, sistemas de adução de água do São Francisco, recuperação de pastagens, manejo e conservação dos solos, tudo isso facilitado por excelente malha viária, completam os elementos que dinamizam a economia regional.

Como destaque maior figura o pequeno município de Licínio de Almeida, detentor do título de praticante do mais bem avaliado ensino básico do estado, uma homenagem oculta, quem sabe, a Aníso Teixeira, o pai da educação brasileira, que nasceu no vizinho município de Caetité. Comparecemos a um baile de debutantes em Livramento, em 1986. Impressionaram, vivamente, a organização e o requinte da festa, num município que não prima pela abundância de recursos. Pensamos que o brilho do evento decorreu do saudável histórico educacional da região, sobretudo, da preservação dos valores do berço.

REGIÃO NORDESTE

Com uma população de cerca de um milhão e duzentos mil habitantes, distribuídos em 46 municípios, espalhados por 56.000 km², a Região Nordeste tem em Paulo Afonso, com cento e vinte mil pessoas, distribuídas nas duas margens do São Francisco, sua capital regional.

Integram a região os seguintes municípios: Abaré, Adustina, Água Fria, Antas, Araci, Banzaê, Biritinga, Cansanção, Canudos, Chorrochó, Cícero Dantas, Cipó, Conceição do Coité, Coronel João Sá, Crisópolis, Euclides da Cunha, Fátima, Glória, Heliópolis, Itapicuru, Jeremoabo, Lamarão, Macururé, Monte Santo, Nordestina, Nova Soure, Novo Triunfo, Olindina, Paripiranga, Paulo Afonso, Pedro Alexandre, Queimadas, Quijingue, Retirolândia, Ribeira do Amparo, Ribeira do Pombal, Rodelas, Santa Brígida, Santaluz, São Domingos, Serrinha, Sítio do Quinto, Teofilândia, Tucano, Uauá e Valente.

A atividade econômica aí dominante é a produção de energia elétrica, seguida da pecuária e da produção de paralelepípedos. O turismo pelas águas do São Francisco, entre Paulo Afonso e Xingó, passando por Itaparica, explorando os seus belos cânions, atrai hordas crescentes de visitantes a cada ano. No dia 15 de setembro de 2016, o Brasil se comoveu com a morte por afogamento do ator Domingos Montagner que protagonizava a novela da Rede Globo, *O Velho Chico*. Literalmente, um caso em que a vida imitou a arte.

Há, na região, um polo agrícola promissor em desenvolvimento, tendo como eixo os municípios de Adustina e Sítio do Quinto.

REGIÃO SUDOESTE

Os 39 municípios da Região Sudoeste da Bahia cobrem uma área de 42.500km² que abrigam uma população de cerca de 1.250.000 habitantes. Vitória da Conquista, sua capital regional, situada, estrategicamente, às margens da

BR-116, conta com uma população de 350.000 pessoas. Os municípios que a integram são: Anagé, Barra do Choça, Belo Campo, Boa Nova, Bom Jesus da Serra, Caatiba, Caetanos, Cândido Sales, Caraíbas, Cravolândia, Encruzilhada, Firmino Alves, Ibicuí, Iguaí, Irajuba, Itambé, Itapetinga, Itaquara, Itarantim, Itiruçu, Itororó, Jaguaquara, Jequié, Lafayete Coutinho, Lajedo do Tabocal, Macarani, Maiquinique, Manoel Vitorino, Maracás, Mirante, Nova Canaã, Planaltino, Planalto, Poções, Potiraguá, Ribeirão do Largo, Santa Inês, Tremedal, Vitória da Conquista.

Além de forte comércio, historicamente aí praticado, a pecuária bovina e seus derivados, a suinocultura, a avicultura, a cafeicultura e a agroindústria a ela associada, e a indústria de transformação, particularmente a têxtil, formam a base da economia regional que conta, ainda, com a produção dos elementos básicos da construção civil, como blocos, telhas, manilhas, cobogós e materiais diversos, a partir de areia e argila, além de centrais de beneficiamento de minerais como o feldspato, berilo, bentonita e outros. Com boa estrutura acadêmica, a grande distância geográfica que a separa de Salvador tem operado como estímulo ao desenvolvimento de uma infraestrutura de serviços de qualidade, não raro superior às equivalentes oferecidas por Feira de Santana, a exemplo da boa medicina aí praticada.

REGIÃO PIEMONTE DA DIAMANTINA

Os 24 municípios que integram esta região, uma das mais pobres e menos urbanizadas da Bahia, com cerca de setecentos mil habitantes, cobrem uma área de 34.000km².

São eles: Andorinha, Antônio Gonçalves, Caém, Caldeirão Grande, Campo Formoso, Capim Grosso, Filadélfia, Itiúba, Jacobina, Jaguarari, Miguel Calmon, Mirangaba, Morro do Chapéu, Ourolândia, Pindobaçu, Ponto Novo, Quixabeira, São José do Jacuípe, Saúde, Senhor do Bonfim, Serrolândia, Umburanas, Várzea do Poço e Várzea Nova. Jacobina, com pouco mais de 100.000 habitantes, e Senhor do Bonfim, com pouco menos, disputam as honras de capital regional.

A produção de cimento, em Campo Formoso, graças à abundância de calcário, de cobre, em Jaguarari, absorve a quase totalidade dos investimentos industriais na região, onde o garimpo de esmeraldas lidera as atividades minerais, ao lado da exploração do mármore bege, em Ourolândia e Jacobina, além da produção de sisal, da pecuária bovina, ovina e caprina. Acresça-se o grande e inexplorado potencial turístico da região.

REGIÃO MÉDIO SÃO FRANCISCO

Com cerca de 350.000 habitantes, os 16 seguintes municípios da região, a de menor densidade demográfica, ocupam uma área de 47.000km^2: Barra, Bom Jesus da Lapa, Brejolândia, Buritirama, Carinhanha, Feira da Mata, Ibotirama, Iuiu, Malhada, Matina, Morpará, Muquém do São Francisco, Paratinga, Riacho de Santana, Serra do Ramalho e Sítio do Mato.

Bom Jesus da Lapa, com 60.000 habitantes, centro de uma das maiores romarias latino-americanas, é o município mais dinâmico da região, onde se expandem a produção irrigada da fruticultura e da horticultura, com moderna tecnologia, e o agronegócio delas derivado. As tradicionais culturas regionais vêm se beneficiando desse surto inovador, a exemplo da cana-de-açúcar, feijão, milho, arroz, mandioca e pecuária bovina extensiva. A Codevasf é, como em toda a bacia do São Francisco, o órgão governamental que coordena e fomenta o desenvolvimento, sobretudo, com investimentos infraestruturais, elemento de atração de capitais, na sua maior parte do Sul do país, declaradamente impressionados com o surto desenvolvimentista do município próximo de Luís Eduardo Magalhães. Um melhor aproveitamento do turismo e da pesca, ao lado da restauração da navegabilidade do rio São Francisco, é encarado como importante fator do desenvolvimento regional.

REGIÃO BAIXO MÉDIO SÃO FRANCISCO

Os 8 municípios desta região, com uma população de mais ou menos 440.000 almas, tendo Juazeiro como seu centro de referência, ocupam o espaço de quase 56.000km². São eles: Campo Alegre de Lourdes, Casa Nova, Curaçá, Juazeiro, Pilão Arcado, Remanso, Sento Sé e Sobradinho. Comércio, serviços e, sobretudo, uma moderna agroindústria irrigada, implantada depois da construção da barragem de Sobradinho, compõem o núcleo de sua atividade econômica.

O contraste entre o desenvolvimento de Petrolina, em Pernambuco, e Juazeiro, na Bahia, é gritante. Basta atravessar a ponte sobre o Velho Chico, que separa as duas cidades, para termos a sensação de dois mundos distintos, com Petrolina muito à frente. A saudável rivalidade entre os dois municípios não deve inibir a busca da mais estreita colaboração sinérgica entre ambos. Juazeiro tem muito a aprender com o dinamismo do seu mais desenvolvido vizinho.

Somando-se às culturas tradicionais da cana-de-açúcar, milho e feijão, arroz, mandioca e da pecuária bovina extensiva, a Codevasf vem desempenhando grande protagonismo na implantação de projetos de infraestrutura hídrica, fator de atração de novos investidores que chegam aportando tecnologias inovadoras. Graças a isso, a região se transformou no maior centro fruticultor do estado, reafirmando-se, ano após ano, como líder de exportação dos produtos que cultiva. O enorme potencial turístico, pobremente aproveitado, somado às vantagens estratégicas do centro de gravidade geográfica da região, confere-lhe viabilidade para acelerar o desenvolvimento.

Um planejamento destinado a otimizar os recursos regionais deve levar em conta, entre outros elementos:

1. Parceria com Petrolina, vizinho município do estado de Pernambuco, com o propósito de construir saudável sinergia entre suas atividades.
2. Aproveitamento do fosfato em Campo Alegre de Lourdes.
3. Otimização da exploração do calcário de Juazeiro.
4. Adaptação da pecuária ao Semiárido, transformando-a em semi-intensiva, como meio de aumentar sua produtividade.
5. Aproveitamento pesqueiro e turístico do lago de Sobradinho.
6. Aproveitamento turístico do rico foclore regional, da culinária, e das gaiolas como transporte recreacional.

REGIÃO DE IRECÊ

Os 19 municípios da região, tendo Irecê como seu centro político e econômico, contam com uma população de cerca de 350.000 habitantes, distribuídos numa área de pouco mais de 26.000km². São eles: América Dourada, Barra do Mendes, Barro Alto, Cafarnaum, Canarana, Central, Gentio do Ouro, Ibipeba, Ibititá, Irecê, Itaguaçu da Bahia, João Dourado, Jussara, Lapão, Mulungu do Morro, Presidente Dutra, São Gabriel, Uibai e Xique-Xique.
Tradicionalmente identificada como grande centro produtor de feijão, a região de Irecê vem acrescentando ao seu perfil produtivo a horticultura e uma moderna fruticultura, de que é exemplo o projeto Codeverde. Dotada de bom sistema rodoviário a interligar os municípios que a integram, a região é relativamente isolada das demais do Semiárido, mantendo-se, historicamente, em conexão permanente com a região Metropolitana de Salvador, não obstante os 500km de distância que as separam. É recomendável, no entanto, sair desse isolamento e desenvolver relações com as regiões vizinhas, que têm como capitais regionais Juazeiro e Barreiras. Até por esse relativo isolamento, a região de Irecê tem tudo para desenvolver-se, de modo mais ou menos autônomo, a partir de um vigoroso programa educacional e de desenvolvimento dos seus recursos naturais e humanos.

REGIÃO CHAPADA DIAMANTINA

Com 33 municípios, tendo Seabra como seu centro administrativo, esta região ocupa uma área de 42.000km², espaço em que vivem quase 600.000 pessoas. São eles: Abaíra, Andaraí, Barra da Estiva, Boninal, Bonito, Boquira, Botuporã, Brotas de Macaúbas, Caturama, Érico Cardoso, Ibicoara, Ibipitanga, Ibitiara, Ipupiara, Iramaia, Iraquara, Jussiape, Lençóis, Macaúbas, Mucugê, Nova Redenção, Novo Horizonte, Oliveira dos Brejinhos, Palmeiras, Paramirim, Piatã, Rio de Contas, Rio do Pires, Seabra, Souto Soares, Tanque Novo, Utinga e Wagner.

Registre-se que o município de Macaúbas, além de possuir a maior população da região, tem um dos mais bonitos perfis urbanos do estado. Lençóis, por seu turno, localizado no coração da Chapada, dotado de aeroporto e excelente infraestrutura hoteleira, sedia uma das mecas do ecoturismo no Brasil.

É vasto o leque das oportunidades econômicas que a região oferece, a começar pela modernização da agropecuária tradicional, passando pela produção de materiais pétreos e pela verticalização das atividades ligadas à exploração do manganês e à garimpagem e beneficiamento de pedras preciosas, desembocando no ecoturismo, que atrai visitantes de todo o mundo, com suas trilhas, suas quedas d'água, suas grunas e grutas e ricas fauna e flora silvestres, não obstante a inquietante predação humana que extingue e ameaça espécies, particularmente com o atear de incêndios entre irresponsáveis e intencionais, como têm sido vistos nos programas de televisão. A diversificada, abundante e deliciosa produção de doces caseiros, precariamente comercializada nas feiras municipais, está a exigir uma ação coordenada do setor público, com a participação de orgãos da Secretaria de Indústria e Comércio do Estado, dos respectivos municípios e do Sebrae, no sentido de organizar o processo produtivo e distributivo, com a definição de papéis dos diferentes agentes econômicos, de embalagens e acesso a mercados regionais e nacional.

CAPÍTULO 3

O SEMIÁRIDO

Dos 882.000km² do Semiárido, a Bahia ocupa entre 320.000 e 390.000, dependendo de critérios em discussão, representando mais de um terço do total. O Semiárido é exclusivo do Brasil, diferentemente da Mata Atlântica, do Pantanal e da Floresta Tropical, que se estendem por outros países. Esse singular bioma, não obstante sua aspereza, abriga grande variedade florística, presente desde o limiar da Mata Atlântica até o adensamento das formações desérticas. Com predominância da caatinga que, com suas variedades xerófilas, representa três quartos de sua flora, os botânicos já catalogaram quase mil espécies vegetais, riqueza que levou o agrônomo mineiro José Guimarães Duque (1903-1978), um dos maiores estudiosos do Semiárido, autor de valiosas sugestões sobre como fazer o aproveitamento racional das potencialidades da região, a partir, sobretudo, dos seus recursos hídricos e pedológicos, a dizer que "nenhum país do mundo dispõe de um conjunto de plantas xerófilas valiosas como as do nosso". Dessas espécies vegetais, cerca de 40% são exclusivas da biota do Semiárido, inexistindo em outras partes do planeta. Registre-se que o xerofitismo é o resultado da longa adaptação do mundo vegetal à baixa pluviosidade. Daí seu marcante caráter caducifólio e caducifloro: folhas e flores caem, tão logo reduzida a umidade. Trata-se de uma vegetação compacta, baixa, retorcida e espinhenta. A esse lento processo de adaptação interativa da vida, vegetal e animal, chamamos biocenose. Segundo Euclides da Cunha, em *Os sertões*, "o Semiárido é a passagem formosíssima dos campos gerais, expandido em chapadões – grandes tablados onde campeia a sociedade rude dos vaqueiros. O martírio do nordestino reflete tortura maior, mais ampla, abrangendo a economia da vida."

O Semiárido é um território heterogêneo, até hoje ignorado, na multiplicidade de suas dimensões e peculiaridades ecológicas, sociais e econômicas. Na Bahia, o Instituto Estadual de Inovações criou o oportuno programa – Inova Semiárido, com o propósito de identificar e selecionar oportunidades, fomentar e disseminar iniciativas e projetos com embriões de inovação que sejam a base para a formulação de políticas públicas e para iniciativas governamentais e não governamentais que proporcionem soluções inovadoras no estado. Impõe-se, portanto, estreita colaboração entre os setores públicos e privados, com as ações disseminadas para conhecimento da sociedade, através dos mais modernos meios de comunicação. O grande desafio consiste em caminhar por trilha até então desconhecida, na linha dos versos do poeta espanhol Antonio Machado: "Caminheiro, não há caminho; o caminho se faz ao caminhar."

Tudo deve começar pela construção de uma infraestrutura física e cultural que contemple educação de qualidade, ajustada às demandas do meio ambiente, saúde, alimentação, abastecimento d'água e moradia dotada de saneamento básico, no caso, o problema de mais fácil solução, tendo em vista a baixíssima densidade populacional da região. Para alcançar esse propósito, é indispensável o envolvimento das universidades, na realização de pesquisas que definam os limites das intervenções que respeitem as peculiaridades ambientais e aumentem o seu aproveitamento em benefício das populações autóctones. A formação de pessoal técnico para orientar o aproveitamento sinérgico desse capital social é medida imperiosa, pelo seu caráter fomentador da produtividade das populações nativas, ensinando-lhes a identificar, sistematizar, obter e disseminar conhecimentos, experiências e boas práticas, tecnologias e inovações para o desenvolvimento do Semiárido. Estágio remunerado para os novos técnicos, como elemento componente da grade curricular, é de preceito.

O vasto território do Semiárido tem sido pensado, quase sempre, como espaço homogêneo, caracterizado pela seca e pela pobreza. Ainda que de fato a seca e a pobreza sejam partes do Semiárido, trata-se de um território heterogêneo em todas as suas variáveis físico-ambientais e socioeconômicas. Esta rica e original diversidade ainda não foi levada na devida conta pelas estratégias e políticas de desenvolvimento ali aplicadas. O pouco de sensato praticado nesse ambiente constitui notável fonte de ensinamentos vitais para que possamos usufruir de suas ricas possibilidades. A mais importante entre elas é a construção de sistemas produtivos sustentáveis que incorporem as especificidades e sirvam de base para a geração de riquezas pelos produtores mais pobres, contribuindo, de modo decisivo, para a superação da pobreza endêmica.

Meio à densa bibliografia existente sobre o Semiárido, objeto de interesse de geógrafos, historiadores, sociólogos, meteorologistas, religiosos, médicos, jornalistas, engenheiros, biólogos, antropólogos, arqueólogos, poetas, romancistas, economistas e pesquisadores, em geral, avulta a notável obra do engenheiro baiano, nascido no Piauí, Manoel Bonfim Ribeiro, que dedicou ponderável parcela de sua vida ao estudo e a atividades em favor do desenvolvimento dessa desafiadora região. No seu livro *A potencialidade do Semiárido brasileiro*, Manoel Bonfim, apoiado em densa bibliografia, aponta, com clareza, as vocações do Semiárido e os meios inteligentes para o aproveitamento de suas potencialidades, mediante a aliança consistente entre os recursos, características e valores regionais com as conquistas do avanço tecnológico, ao tempo em que denuncia os erros históricos que têm impedido o desenvolvimento racional dessa vasta região do Brasil e, sobretudo, do estado da Bahia, do qual cobre entre 320.000km^2 e 390.000km^2, do seu território de 562 mil kms^2. Isso porque, segundo o Insa, Instituto Nacional do Semiárido, esse percentual de 57% sobe a 69% do território baiano, se incluirmos 266 dos seus 417 municípios.

Marcado por características ambientais e adafoclimáticas adversas, o Semiárido concentra alguns dos mais frágeis indicadores sociais do país, variáveis que não podem ser desconsideradas quando se tem o propósito de atuar de modo inteligente e produtivo para elevar o nível social e econômico das populações aí presentes.

Historicamente, as despudoradas e anéticas oligarquias regionais, famigerados gigolôs da "indústria da seca", têm atuado no sentido de preservar este estado de penúria, do qual tiram partido. A trágica consequência desse crime continuado se materializa no estado de carências múltiplas das populações rurais do Semiárido que compreendem os maiores percentuais de analfabetos, subnutridos, tuberculosos, chagásicos, desempregados, subempregados e moradores de sub-habitações do país, carentes do saneamento mínimo. Foi com apoio nessa dura realidade que o autor destas linhas, sob a inspiração dos escritos de Rômulo Almeida, liderou, como constituinte, uma ampla articulação parlamentar que resultou no Artigo 165, §7º da Constituição Federal, que obriga o Orçamento da União a consignar verbas a partir de critérios demográficos, com o propósito de reduzir desigualdades inter-regionais. O Nordeste brasileiro que, historicamente, recebia cerca de 10% do Orçamento, deveria passar a perceber em torno de 30%, correspondentes ao percentual que representava no quadro geral da população brasileira, ao tempo dos trabalhos constituintes. O Artigo 35 das Disposições Transitórias estabeleceu que esse enquadramento se processasse ao longo de dez anos, para amortizar o impacto de mudança tão significativa, tendo em vista a inexistência de projetos prontos a serem financiados pela súbita elevação das verbas para a Região Nordeste. Ao saber da aprovação do dispositivo, e pouco antes de morrer, Rômulo Almeida declarou que essa seria a maior conquista do Nordeste, em toda a sua história.

No Orçamento de 1990, o primeiro votado sob a nova ordem constitucional, conduzido pela lúcida e patriótica relatoria do senador paranaense José Richa, a participação do Nordeste foi elevada em dois pontos percentuais, consoante o espírito do Artigo 35 das Disposições Transitórias. Desgraçadamente, como deixamos o Congresso em janeiro de 1991, nenhuma liderança nordestina – deputado federal, senador, governador ou líder de classe –, se interessou pelo regular e redentor dispositivo constitucional, que virou letra morta. Não acredito que haja na história dos parlamentos do mundo, no espaço e no tempo, tão grave quanto inexplicável omissão coletiva de representantes populares. Entidades de classe da Região Nordeste, convocadas a liderar um movimento em favor do cumprimento do dispositivo, fizeram ouvidos de mercador. Não se sentem à altura do exercício de um protagonismo verdadeiramente transformador.

Numa prova de nossa tendência a buscar soluções casuísticas, em lugar de implementar o mencionado artigo 165, aprovou-se, no ano 2000, emenda constitucional que criou os Fundos de Combate à Pobreza, visando assegurar recursos para o enfrentamento do problema. Na Bahia, é de 2001 a criação da Secretaria de Combate à Pobreza e do Fundo Estadual de Combate e Erradicação da Pobreza – Funcep –, para financiamento das ações de combate e erradicação da pobreza. Como sempre, esqueceu-se que só se combate a pobreza, de modo eficaz e permanente, dando acesso à juventude em educação de qualidade. O programa Brasil Sem Miséria vai pelo mesmo caminho. Na prática, programas populistas e concebidos para se eternizarem como manobras eleitoreiras.

UM POUCO DE HISTÓRIA

O Semiárido baiano, que ocupa entre 320.000km² e 390.000km² (a depender do critério adotado) que abrigam cerca de 6,4 milhões de habitantes, representativos de 42% da população, tem a menor densidade demográfica, 16,4hab km², contra a média regional de 21,20 hab/km². Não é possível administrar bem o estado da Bahia sem que se tenha um programa consistente e de longo prazo de desenvolvimento do seu Semiárido.

Certamente, foi a visão de resistência heroica dos maltrapilhos seguidores de Antônio Conselheiro, nas cercanias de Canudos, na Bahia, às margens do rio Vaza-Barris, que levou Euclides da Cunha a dizer que: "O sertanejo é, antes de tudo, um forte. Não tem o raquitismo exaustivo dos mestiços neurastênicos do litoral." Além do Conselheiro, gente da têmpera de Lampião, Maria Bonita e seus seguidores, de Jesuíno Brilhante, Antonio Silvino e do padre Cícero Romão, o Padim Ciço, resultaria desse caldeirão energético.

Desde então, a realidade do sertanejo pouco mudou, em uma paisagem que continua quase a mesma, exceção feita aos meios de comunicação que vieram ensejar a densa migração que faz com que a região perca, de modo contínuo, representatividade demográfica.

A população do Semiárido chegou, no ano de 2015, aos 24 milhões de habitantes, correspondendo a cerca de 12% da população do país, segundo o Instituto Brasileiro de Geografia e Estatística (IBGE).

Aridez e seca são realidades ecológicas aparentadas; não são, porém, a mesma coisa. Enquanto a aridez é caracterizada por uma pluviosidade média, permanentemente baixa, a seca ocorre quando o nível das chuvas fica abaixo dessa reduzida média histórica. A aridez, portanto, é permanente, estável, enquanto a seca é, necessariamente, episódica, instável. Do ponto de vista hidrológico, a seca se caracteriza pela escassez de água, tanto da chuva, quanto da acumulada nos espelhos d´água, ou no subsolo. Do ângulo econômico, há seca quando as chuvas são insuficientes para assegurar a regular colheita dos plantios. Segundo os estudiosos, a seca é um fenômeno mesológico que incide sobre o Nordeste desde o período neolítico, ou seja, há cerca de dez mil anos! As estatísticas apontam para um terço, aproximadamente, dos anos secos em cada século. Assim, tivemos 39 anos de seca, no século XVIII, 29, no XIX, e 35, no século XX.

Mais recentemente, 102 novos municípios foram incluídos no Semiárido, enquadrados em pelo menos um dos três critérios considerados: precipitação pluviométrica, índice de aridez e risco de seca. A partir do novo critério, o número de municípios do Semiárido aumentou de 1.042 para 1.133 e a área oficial, de 895.254,4 km² para 980.056,7 km², um acréscimo de quase 10%. Ao estado de Minas Gerais coube a inclusão do maior número de municípios, passando de 41 para 85. Dos 9 estados que estão nessa nova delimitação, Minas Gerais, Piauí, Bahia, Rio Grande do Norte e Ceará ganharam mais municípios, enquanto perderam, os estados de Sergipe, Pernambuco e Alagoas, continuando a Paraíba como se encontrava. A Bahia possui o maior número de municípios no Semiárido, 23,4% (266 de 1.133), e a maior área (40%), quando adotamos 390.000 km², bem como a maior população (30,9%), cerca de 6,4 milhões, e a menor densidade demográfica, 16,4hab/km², contra a média regional de 21,20 hab/km².

Como atividade, a agropecuária lidera com uma presença correspondente a 60% do geral, estando a Bahia, à frente, com 70%, vindo, em seguida, as lavouras temporárias, como milho e feijão, as lavouras permanentes e a criação animal. As políticas para fixar o homem no Semiárido – a partir de

1960, depois de uma abortada proposta estapafúrdia de esvaziá-lo, como meio de desenvolvê-lo, não triunfaram porque não foram criadas as condições mínimas necessárias à desejada fixação. O crescente abismo entre o conforto urbano e as precariedades do meio rural promoveu uma migração, sem precedentes, das populações rurais para as cidades.

Historicamente, as diversidades do Semiárido – sociais, culturais, espaciais, regionais, rurais e urbanas, bem como as inerentes aos diferentes níveis de produtividade operacional – foram tratadas, sempre, como fonte de problemas, assimetrias e desequilíbrios, em vez de riqueza potencial. O sáfaro conservadorismo das elites oligárquicas só se interessava por obter mais dos mesmos velhos e surrados processos de dominação, razão da predominância da territorialidade política das intervenções públicas.

CONVIVÊNCIA COM O SEMIÁRIDO

"A seca é mais um fenômeno social que uma consequência meteorológica." Engenheiro Luis Vieira, do DNOCS.

O conteúdo de uma proposta adequada para conviver com o Semiárido parte da noção elementar de que é mais racional e produtivo o esforço de ajustarmos as ações humanas e suas tecnologias às características fundamentais da biota regional, da sua biocenose, do que, simplesmente, transplantar para ela práticas e experiências exitosas em outros contextos, sem fazer a necessária redução tecno-sociológica-ambiental desse transplante, como ensinou Guerreiro Ramos em livro famoso, intitulado *A redução sociológica*. A essa postura inteligente denomina-se Convivência com o Semiárido. Para o êxito dessa política de Convivência é indispensável valorizar todos os diferentes aspectos regionais, ligados ao meio ambiente, às condições edafoclimáticas próprias do Semiárido, e às práticas humanas, em cada um dos seus diferentes domínios, como religião, saúde, educação, família, lazer. O planejamento requerido para Conviver com o Semiárido não pode mais ser aquele, normativo, indiferente e tecnocrático, concebido *erga omnes*, supostamente apto a equacionar, *a priori*, a adequação das diferentes características do meio com as necessidades e anseios humanos. As políticas públicas para implementar a Convivência com o Semiárido não devem mais fixar, de modo autoritário, metas e recursos para pessoas tomadas como gado levado a pastar para posterior abate. Terão que levar em conta, por exemplo, a abundância e frescor das bolsas d'água existentes por trás dos espinhos do mandacaru ou nas raízes do umbuzeiro, garantindo sua incolumidade e saudável longevidade, ao longo dos grandes estios. Para efetivar essa frutuosa adequação, é indispensável o desenvolvimento de uma tecnologia autóctone que parta do aproveitamento racional dos recursos aí existentes. Para a conquista de tão importante desiderato, os estados do Semiárido deveriam aprofundar e intercambiar suas experiências, ensejando a cada morador rural os meios aptos à otimização dos recursos ao seu alcance. Basta lembrar que no verão de 2016, os umbus, frutos dos umbuzeiros, alcançaram em feiras e mercadinhos do Sudoeste impensáveis US$ 11 por quilo! Imagine-se o potencial econômico que possui esse fruto xerófilo, uma vez equacionados os melhores meios de sua comercialização! São poucos, entre os ávidos bebedores de cerveja, os que já ouviram falar da excelente Cerveja Gravetero, de umbu, produzida pela Coopercuc, Cooperativa Agropecuária Familiar de Canudos, Uauá e Curaçá-Ba. Mundo afora, cervejarias artesanais fazem grande sucesso entre os consumidores, que pagam duas ou três vezes mais por uma caneca transbordante dessa produção caseira.

C.A.A.T.I.N.G.A.

A C.A.A.T.I.N.G.A. – Centro de Assessoria e Apoio aos Trabalhadores e Instituições não Governamentais Alternativas – é uma sociedade criada no município de Ouricuri, em Pernambuco, que se destina a montar projetos de interesse regional, com o apoio do Banco do Nordeste, consoante o espírito recomendado pela Convivência. No particular da apicultura, por exemplo, esta sociedade introduziu importantes inovações, construindo colmeias fixas horizontais, usando tijolos de alvenaria, seguindo prática vitoriosa em Zâmbia, país africano.

Sumariando múltiplas observações feitas ao longo da história do homem no ambiente geográfico, o alemão Frederich Ratzel (1844-1904), nos seus livros *Antropogeografia* e *Geografia política*, explicou as diferenças entre os povos a partir das influências da natureza sobre a vida humana, sobretudo a fisiológica, seu caráter e as formas de sua organização política. A associação entre climas quentes e a indolência física de suas respectivas populações seria uma percepção derivada desse quase determinismo ecológico, contornável pela evolução da técnica e dos valores culturais. Adaptação, portanto, como queria Charles Darwin, é a palavra de ordem dessa condicionante fundamental. Cabe à inteligência humana acentuar essa vocação natural, afirmada ao longo de milênios, e não recorrer a fórmulas artificiais, de eficácia duvidosa e de pouca duração, como a irrigação, que não se ajusta às condições ambientais do Semiárido, como veremos adiante. Na identificação desses segredos, a contribuição do homem nativo pode ser de valor inexcedível. Euclides da Cunha, com talento profético, resumiu, assim, a fotografia invisível a olho nu dessa sabedoria ambiental: "As leguminosas, altaneiras noutros lugares, ali se tornam anãs. Ao mesmo tempo, ampliam o âmbito das frondes, alargando a superfície de contato com o ar, para absorção dos escassos elementos neles difundidos. Atrofiam as raízes mestras, batendo contra o subsolo impenetrável e substituem-nas pela expansão irradiante das radículas secundárias, ganglionando-as em tubérculos túmidos de seiva. Amiúdam as folhas. Fitam-nas, rigidamente; duras como cisalhas, à ponta dos galhos, para diminuírem o campo de insolação. Revestem de um indumento protetor de frutos, rígidos, às vezes, com que as vagens se abrem, estalando como se houvesse molas de aço, admiráveis aparelhos para propagação das sementes, espalhando-as profusamente pelo chão. E têm todas, sem excetuar uma única, no perfume suavíssimo das flores, anteparos intácteis que nas noites frias sobre elas se alevantam e se arqueiam, obstando a que sofram de chofre as quedas de temperatura, tendas invisíveis e encantadoras que as resguardam." É talento de tirar o fôlego.

O PESO DO SEMIÁRIDO NA ECONOMIA DOMÉSTICA

Importante aspecto a destacar é o peso da agricultura familiar no Semiárido, com o maior percentual de estabelecimentos, à frente de todas as demais regiões do país, com quase o dobro da média nacional. Por região geográfica, o Centro-Oeste apresenta a menor expressão em termos do percentual de estabelecimentos e de hectares de área da agricultura familiar, em todo o Brasil. A agricultura familiar, no Semiárido, apresenta um percentual de 84,4% do número total de estabelecimentos da região, mas de, apenas, 24,3% em área total explorada, dado revelador de como aí predomina o interesse por atividades que levem o que se produz à boca. Os fatos estão a revelar, de modo eloquente, que o que é bom para a agricultura do Centro-Oeste não é, necessariamente, bom para o Semiárido, e vice-versa.

Com olhar inteligente, e apoiado no denso conhecimento da realidade ambiental, a partir de mais de meio século de experiência profissional em órgãos públicos voltados para a região, e de estudos acurados dedicados à sua realidade, Manoel Bonfim aponta o grande potencial de riqueza do Semiárido, desde que tratado sem preconceitos e com a ajuda dos conhecimentos e da técnica, já do domínio de esparsas estruturas existentes em território nacional. Observa ele que "as riquezas do Semiárido são espontâneas, nativas, geradas no próprio amálgama da região, como as diversas fibras vegetais, as frutas do cajueiro, do umbuzeiro, o mel orgânico produzido pelas abelhas nas flores silvestres, riquezas essas de que o sertanejo se beneficia e se alimenta..." "...A faveleira, euforbiácea leguminosa, nativa dos nossos sertões, é, ainda, um diamante bruto da caatinga à espera de lapidação. Ela, sozinha, redimirá o Semiárido baiano com a produção de um finíssimo óleo de mesa que substituirá, com vantagens, o óleo de oliva, além da sua excelência como forrageira para caprinos, riquíssima em proteínas. Existem muitas outras riquezas naturais, mas permanecem inexploradas na estática do nada. Estas potencialidades naturais da região não fazem, entretanto, nenhum progresso sem que haja o empenho da sociedade e dos poderes constituídos. O Semiárido setentrional está anos-luz à frente do baiano, preparado para a grande seca e nós aqui no estado da Bahia ainda estamos de calças curtas."

Em síntese: Manoel Bonfim pede que se lance sobre o Semiárido um olhar novo, como área de solução, em lugar do tradicional e equivocado olhar de área de problema, como tem sido a regra. Bonfim demonstra que as políticas praticadas no Semiárido não o redimiram porque se condicionaram aos interesses prevalecentes de perpetuar as alianças com o poder político paroquial, alimentador do clientelismo, em detrimento da efetiva inclusão socioeconômica das populações rurais, mediante, também, a democratização do acesso às oportunidades de crescimento.

IRREGULAR DISTRIBUIÇÃO HÍDRICA

O Nordeste brasileiro dispõe de recursos d'água irregularmente distribuídos no tempo e no espaço, em decorrência de fatores meteorológicos e geomorfológicos desfavoráveis, sendo necessárias medidas especiais para aproveitamento inteligente de suas potencialidades.

Com índices pluviométricos abaixo de 800mm por ano, com média anual de 600mm, o Semiárido é a região do mundo de maior exposição solar, entre 2.800 e 3.200 horas por ano. Estima-se que a energia contida nessa irradiação, em apenas um dia, seja correspondente à totalidade da energia existente nas fontes petrolíferas do planeta. Amenófis IV, faraó do Egito, com o nome de Aquenáton, pertencente à 18ª dinastia, que governou entre 1353 e 1336 a.C., marido de Nefertiti e pai de Tutacamon, segundo um teste de DNA realizado em 2010, invocava o Sol, a quem atribuía uma deidade superior aos demais deuses, dizendo: "Quando surges no horizonte oriental do céu, enches toda a terra com tua beleza. Os homens, os rebanhos e as árvores que crescem no solo dependem, para viver, de tua regular e redentora aparição."

Todas as formas de energia nascem do Sol. Sem ele, não haveria a fotossíntese, o processo biológico, por excelência, da Terra. É através da fotossíntese que o oxigênio é liberado e o dióxido de carbono consumido pelos estômatos da folhagem, gerando a clorofila. É esse processo que fixa a energia luminosa, indispensável à vida como a temos no planeta. A força energética do Sol acarreta a intensa evaporação do Semiárido e explica a imperativa necessidade de proteger o seu solo para que seja produtivo. O volume anual de precipitação média, no Semiárido, ao longo de séculos, tem sido da ordem de 600 bilhões de metros cúbicos anuais, correspondendo a seis vezes a totalidade da vazão do rio São Francisco! Em contrapartida, a evaporação, entre cinco e seis vezes maior do que a queda d'água, chuparia, para cima, se água houvesse, mais de trinta rios com a vazão do Velho Chico. A baixa pluviosidade, combinada com tão elevada evaporação, é ainda agravada pela concentração do regime das chuvas em quatro meses do ano, distribuídas entre 40 e 50 dias, havendo, consequentemente, mais de trezentos dias por ano de sol. Se o mesmo volume de chuvas que caem em 50 dias se distribuísse em 180 dias, e a incidência solar se restringisse à metade do ano, não haveria seca no Semiárido, de que são prova diferentes localidades como Paris, Berlim e Moscou, onde não há secas, mesmo com uma precipitação pluviométrica inferior à do Semiárido. Agravando, ainda mais, o cenário, a evaporação eleva a concentração de sais contidos na água, dificultando ou impedindo a diversidade do seu uso, sem mencionar o aumento da velocidade dos ventos, ocasionado pelo aquecimento do ar, fato que provoca mais evaporação. Para que se tenha ideia do nível da evaporação existente no Semiárido, o cientista baiano J. W. Bautista Vidal informa que 1m² de folha verde pode transpirar dois litros de água por dia, enquanto cada metro² de espelho d'água enseja a evaporação de 10 litros por dia. Simplesmente, assombroso! É por isso que a evaporação no lago de Sobradinho pode chegar a 250 mil litros por segundo, volume suficiente para saciar a sede de todos os sete bilhões de seres humanos da Terra! Apesar desse quadro dantesco, é falsa a impressão, largamente disseminada, segundo a qual o problema climático da região seria a falta de chuva. Não é. O problema climático, fundamental, do Semiárido, é a evaporação excessiva, superior a 3.000mm ano. Por isso, costuma-se dizer que no Semiárido chove cinco vezes mais de baixo para cima, do que de cima para baixo.

Em grande medida, como resultado da crise hídrica que se abateu sobre o Brasil a partir de 2012, a ANA – Agência Nacional de Águas – apresentou uma proposta de monitoramento de "eventos críticos de secas no Nordeste e norte de Minas", regiões que integram o Semiárido, a partir da obtenção diária do volume de água disponível nos principais açudes, 522, bem como a vazão de entrada e saída de suas águas.

O orçamento proposto foi da ordem de dez milhões de reais, pouco mais de três milhões de dólares, ao câmbio daquele momento. Um valor irrisório, comparativamente ao seu grande significado. Propina miúda de acordo com as apuradas pela Operação Lava-Jato. Cerca de 20% das propinas que o Departamento de Operações Estruturadas, da Odebrecht, pagava, DIARIAMENTE, aos comandados por Lula e seus asseclas. A minudência técnica do projeto impressiona, conferindo-lhe grande credibilidade, inclusive pela transparência de sua implementação.

FOTOSSÍNTESE

Com a ajuda da água, a fotossíntese das plantas transforma essa portentosa presença solar eletromagnética em biomassa, matéria-prima para a produção de combustíveis capazes de substituir todas as fontes energéticas derivadas do petróleo, com as incomparáveis vantagens de ser atmosfericamente limpa e renovável. O Pró-Álcool permitiu ao Brasil oferecer ao mundo um bem-sucedido programa de substituição do petróleo, a partir de uma fonte energética derivada da biomassa.

OPORTUNIDADE ENERGÉTICA

O anunciado esgotamento dos combustíveis fósseis abre um grande leque de oportunidades para o Brasil, incluindo o Semiárido, pela possibilidade de intensificação do uso de combustíveis de origem vegetal, bastando, para tanto, que a administração cumpra seu papel mínimo de não interferir, negativamente, entravando o concurso imprescindível do setor privado, sensível à racionalidade de métodos de exploração, de olhos postos na elevação da produtividade, de modo sustentável. A intervenção do governo predador no setor energético brasileiro tem sido um desastre, mescla de corrupção, populismo e incompetência, conforme a regra geral. O setor público, criando vergonha, pode encontrar nas bem-sucedidas experiências da Embrapa e do Sebrae o exemplo de conduta que conduz ao sucesso.

A Embrapa, na década de 1990, fez um diagnóstico do panorama agroecológico do Nordeste brasileiro, aprofundando estudos anteriormente realizados pela Sudene, zoneando, do ponto de vista geoambiental, seus planaltos, chapadas, tabuleiros, bacias sedimentares, áreas aluviais e outros ambientes. Esse diagnóstico representa excelente base de apoio técnico para o aproveitamento racional das potencialidades econômicas do Semiárido.

INÍCIO DA PISCICULTURA

A aquicultura compreende a produção de peixes, anfíbios, crustáceos, como o camarão, moluscos, como mexilhões, vieiras e ostras, além de algas, para a indústria de fármacos e, até, de biocombustíveis. Origina-se da aquicultura quase metade de todos os frutos do mar consumidos no mundo. O Brasil possui excepcionais condições para o desenvolvimento da aquicultura, com seus 8.500km de costa marinha e 12% da água doce do planeta. Em 2014, ano em que a produção da aquicultura superou a da carne bovina, foi criado o primeiro parque aquícola marinho do Brasil, no litoral de Santa

Catarina. O pescado compete com a carne suína, na oferta de proteína animal consumida no mundo.

Nunca é demais reiterar a importância da adoção de quantas medidas de segurança forem necessárias para evitar os riscos ambientais, capazes de comprometer a qualidade da água, tanto para o consumo humano, quanto para a manutenção da qualidade que interessa à flora e à fauna aquáticas.

Apesar da falta de consistência na continuidade dos métodos e processos do setor público, a piscicultura no Brasil vem crescendo de modo significativo, mais de 40% entre os anos 2007-2009, com o registro de marcante êxito de algumas espécies, como a tilápia, de carne largamente apreciada, dentro e fora do Brasil, que cresceu mais de 100% nos sete anos compreendidos entre 2003-2009. No mercado nacional de carnes, a piscicultura é a que mais tem crescido, embora ainda se encontre na infância de suas enormes possibilidades, precisando crescer mais de 50 vezes, 5.000%, se quiser alcançar o volume de pescado produzido pela China, líder do segmento. A liberação pelo Ibama da cultura do tambaqui em gaiolas(tanques-rede), nas represas do rio Tocantins, abriu novas e promissoras perspectivas para o setor pesqueiro.

Desgraçadamente, a degradação dos costumes políticos, que desembocou na Operação Lava-Jato, criou vícios conducentes à concentração do interesse oficial em projetos propiciadores de propinas altas, como as obras que requerem a aplicação de grandes verbas, em curto espaço de tempo, cujos orçamentos são escandalosamente majorados. Uma fração desses desvios seria suficiente para o Brasil fazer da piscicultura um êxito equivalente ao alcançado nas atividades agropecuárias, a partir da última década do século XX.

Desde sua criação, o Ministério da Pesca e Aquicultura vem desenvolvendo políticas públicas para estimular a piscicultura. Os programas partem de sistemas de avaliação das cadeias produtivas da pesca e da aquicultura e dos dados e informações capazes de orientar novos projetos para o setor, bem como os investimentos oriundos da iniciativa privada. O conhecimento das cadeias produtivas da pesca e da aquicultura é de grande importância para o sucesso das técnicas de sua ordenação e manejo.

POTENCIAL DA PISCICULTURA CONTINENTAL

Com uma superfície de espelhos d'água da ordem de 3,5 milhões de hectares, sem contar a área marinha, a mais extensa do mundo num só oceano, sendo grande parte adequada à piscicultura de cativeiro, o Brasil pode alcançar em sua aquicultura continental uma produção anual da ordem de 5 milhões de toneladas. A FAO, Organização das Nações Unidas para Alimentação e Agricultura, que nos considera displicentes no aproveitamento de nossas possibilidades piscicultoras, estima que o Brasil tenha potencial para alcançar 20 milhões de toneladas/ano, completando a oferta mundial para atender a demanda reprimida. Usando esse potencial como escudo, o governo petista que se instalou no país ampliou, para fins eleitorais, o número dos profissionais da pesca, estendendo a eles benefícios sociais que oneram nossa Previdência, em vez de concentrar seus esforços no treinamento sistemático dos pescadores, com vistas a aumentar sua produtividade, sua autoestima e sua consciência preservacionista.

A Bahia, portanto, tem, também, em seus espelhos d'água uma potencial riqueza capaz de elevar a realidade social e econômica das populações ribeirinhas, além de mecanismo hábil para ensejar a geração de divisas com que ampliar e aperfeiçoar a infraestrutura física e social de todo o estado, indispensável ao seu desenvolvimento. Sem falar na posse da maior extensão litorânea entre todos os estados do Brasil.

Há um sistema de criar peixe, denominado de *raceway*, palavra inglesa que significa caminho de passagem, no caso, das águas. Trata-se de um regime superintensivo, de grande produtividade, consistente na utilização de tanques de concreto, atravessados por um fluxo contínuo das águas, cuja elevada oxigenação favorece o rápido crescimento das espécies.

PRÁTICA DA PISCICULTURA

A partir de um programa de peixamento dos açudes públicos, as atividades de pesca revelaram-se atraentes para o mundo turístico, fonte de riqueza e bem-estar adicional aos seus fins tradicionais, como abastecimento humano e animal, além de alguma irrigação especial. As atividades pesqueiras no estado do Ceará, em 100 de 292 açudes públicos, dão emprego regular a quase quatro mil pessoas, dado suficiente para revelar o potencial gerador de riqueza dessa dimensão dos usos das aguadas. É uma pena que não haja persistência nem consistência nos esforços até então empreendidos para tornar o turismo uma dimensão importante na destinação dos açudes. A começar pelo fato de essa atividade sequer ser considerada como um dos fatores componentes da viabilidade do empreendimento. Por outro lado, alguns poucos açudes foram projetados para gerar eletricidade, aspecto aparentemente secundário no universo de amplas possibilidades das águas açudadas, além das excelentes condições ambientais para obtenção de energia solar e eólica.

Registre-se, também, que não se confirmaram os esperados benefícios decorrentes da perenização de rios temporários da região, como o Jaguaribe, que corta ponderável extensão do Sertão Norte. Numa área onde as chuvas são poucas e irregulares, apesar de sua concentração em curtos espaços de tempo ocasionar alarmantes e devastadoras inundações, imaginou-se que a construção de grandes reservatórios trouxesse expressivos benefícios às populações ribeirinhas. Atribui-se essa frustração à inexistência de um plano integrado e específico, observado o conjunto das peculiaridades de cada um, para o desenvolvimento social e econômico local. Acresça-se a ineficiência de grandes açudes em sua esperada função de controlar as inundações, como registrado no Relatório da Sudene de 1987, que mencionou os 310 mil desabrigados, no Ceará, nas inundações de 1985, ao longo dos rios Jaguaribe, Acaraú, Curu, Banabuiu e Salgados, todos perenizados. Provavelmente, em consequência de erros de projeto.

Argui-se, também, como causa do fracasso, a falta de determinação do poder público em compor com os grandes proprietários das áreas lindeiras a expropriação de suas terras.

TODO PROBLEMA TRAZ EM SEU BOJO OS GERMES DE SUA SOLUÇÃO

A solução das grandes questões sociais e econômicas nordestinas deve ser buscada e encontrada no conjunto de sua problemática, porque nelas se encontra embutida, inclusive, a ação predadora dos humanos, a ponto de um aldeão, ao ver o chão ressequido, clamar: "Não dá para plantar, a terra está morta." Será vão todo esforço para encontrá-la fora dos seus limites, como procuraremos demonstrar.

O SEMIÁRIDO É UM BRASIL SINGULAR, AO LADO DE OUTROS TANTOS BRASIS

Antes da chegada do europeu, a região era dotada de variada e rica fauna, como aves canoras, perdizes, pombas, jaós, jacus, jacutingas, mutuns, emas e seriemas. Entre os mamíferos, abundavam onças de diferentes matizes, gatos silvestres, caititus, queixadas, tatus, veados e macacos. Mais de 200 espécies de abelhas sem ferrão. Fauna e flora, a duras penas, vêm se recompondo, graças aos trabalhos dos órgãos ambientais. Certamente, a ocupação do Semiárido, até o momento, esteve longe de obedecer às recomendações do ambientalista norte-americano Lester Brown, ao lecionar: "Desenvolvimento sustentável é aquele que satisfaz as necessidades das gerações presentes, sem eliminar os recursos necessários para o desenvolvimento das gerações futuras."

ENERGIA SOLAR

Literalmente de costas para a abundância de energia solar no Semiárido, o poder público brasileiro, com grande atraso, começou a dar os primeiros passos na direção do seu aproveitamento, no início do terceiro milênio. E essa mobilidade paquidérmica só veio a acelerar-se em razão da crise energética nacional, resultante da miopia da administração pública que, na contramão da experiência mundial, imaginava ser possível a expansão da oferta de energia de origem hídrica, tradicionalmente, a mais barata, cega à crescente resistência ambiental oposta à formação de grandes lagos, seja pelo comprometimento de parcela ponderável da vida animal e vegetal, seja pelos desarranjos ocasionados às populações ribeirinhas pelos aproveitamentos energéticos. Tudo indica que este movimento de diversificação de oferta de energia de fontes variadas não tem volta, destinado a atender a necessidades do país, como um todo, sendo, no entanto, de pequena expressão para a melhoria de vida das populações autóctones locais, indígenas ou não.

A grande crise energética que se abateu sobre o Brasil, paralelamente ao escândalo do século, a Operação Lava-Jato, decorre de uma combinação nefasta entre corrupção e uma incompetência que deriva da corrupção, fenômeno que tende a ocorrer toda vez que, na gestão do setor público, se priorizam critérios político-eleitorais sobre critérios meritocráticos, no condenável aparelhamento dos órgãos da administração, como ocorreu de modo superlativo durante os bolivarianos governos petistas. A essa trágica associação da corrupção com a incompetência denomina-se corrupção burra, em oposição à corrupção inteligente. Explique-se: na corrupção burra, colocam-se nos postos-chaves pessoas incapazes, além de desonestas. Na corrupção inteligente, nomeiam-se pessoas capazes, aptas a não permitir que a corrupção se processe com o sacrifício da máquina produtora de riqueza. No caso da Petrobras, por exemplo, em que o valor apurado e a apurar das propinas oscila entre 6 e 20 bilhões de dólares, os prejuízos sofridos pela maior empresa da América Latina, por erros de orientação gerencial, ultrapassaram os 200 bilhões de dólares. Ou seja: uma média superior a 15 vezes o valor das oceânicas propinas, comprometendo a sobrevivência da maior empresa brasileira e do Cone Sul.

No setor energético ocorre o mesmo fenômeno. Com a maior abundância de biomassa, de vento e de sol, do planeta, realizamos a façanha de quase sofrermos um colapso energético, o que só não ocorreu porque, com a estagnação econômica a que chegamos, a partir de 2015, pelos micro e macroerros dos governos petistas, houve uma redução da demanda de energia. Ou seja, se o Brasil não tivesse estagnado, por erro de gestão governamental, teria estagnado por falta de oferta de energia, isso num país dotado, como nenhum outro, dos pré-requisitos essenciais ao aumento da oferta, inclusive de um setor privado habilitado a explorar, em curto prazo, cada uma de suas ricas matrizes energéticas. A burocracia corrupta, no entanto, que se alimenta da propinagem das térmicas movidas a óleo diesel, cuida de criar todas as dificuldades à diversificação da oferta. Isto é: o *status quo* da propinagem alimentada pelas térmicas tem contribuído para impedir a expansão da oferta de energia ecologicamente limpa e mais barata do que a poluidora e cara energia movida a gás e, sobretudo, a óleo diesel.

POTENCIAL DO SEMIÁRIDO

Como procuraremos demonstrar, a seguir, a pobreza social e econômica do Semiárido não resulta da qualidade ou adversidade do meio ambiente, expressa na má qualidade do solo, na reduzida pluviosidade e na elevada evaporação, mas de nossa incapacidade de enxergar o óbvio, que consiste em dar força à força, e não no inútil dispêndio de energia, nas tentativas vãs de reduzir supostas fragilidades, consequência de uma combinação perversa de erros praticados na educação de nosso povo com as deformações de nosso sistema político, consistente na renúncia de critérios meritocráticos, na indicação de titulares da gestão pública, e tolerância com os crimes que sangram o erário, crimes que passaram a ter em membros do STF seus dedicados e marginais patronos-garantistas. O Semiárido deixará de ser um problema, aparentemente, insolúvel para se constituir em promissora realidade, se mudarmos inteiramente o enfoque historicamente equivocado de sua abordagem operacional-tecnológica.

ANÁLISE COMPARATIVA

Alguns geógrafos destacam as semelhanças entre o Semiárido e o Sahel, uma faixa de 5.400 quilômetros de extensão, na costa atlântica africana, com profundidade variável entre 500 e 700 quilômetros, na direção do mar Vermelho, limitada, ao norte, pelo deserto do Saara, e, ao sul, pela savana do Sudão. O Sahel compreende ou atinge os seguintes países: Gâmbia, Senegal, Mauritânia, Mali, Burkina Faso, Argélia, Nigéria, Camarões, Chade, Sudão Eritreia, Etiópia, Djubouti e Somália. A grande diferença reside na pluviosidade local que oscila entre um e dois terços da já baixa pluviosidade nordestina. Lá, como aqui, as secas são um flagelo, acarretando perda de vida humana, pecuária e silvestre, bem como das diferentes culturas agrícolas.

GESTÃO DAS ÁGUAS

A política de construção de açudes no Brasil nunca primou pela consistência dos critérios, oscilantes entre meritocráticos, como exceção, e clientelistas do pior tipo, como regra, geratriz da famigerada indústria das secas que enriqueceu coronéis da política. A mais disso, durante muito tempo, prevaleceu o entendimento de que se a seca derivava da falta de chuvas regulares, o negócio seria acumular água, não importando onde e como. A consequência tem sido uma ingente desigualdade na distribuição dos benefícios, ficando as populações mais frágeis com o menor quinhão. A chamada "solução hidráulica", portanto, nasceu deste simples silogismo: uma vez que a seca é, por definição, um problema de falta de água, a situação deve ser resolvida com a acumulação de grandes quantidades de água.

É de chamar a atenção o fato de que, até bem pouco tempo, a grande maioria dos açudes foi escassamente usada, porque nunca se pensou, seriamente, como a água chegaria aos usuários. A excessiva concentração de água em poucos e grandes açudes é um reflexo dessa negligência básica para com os moradores de pontos distantes dos represamentos. Para esses, afora os aspectos dramaticamente emergenciais, os grandes espelhos d'água, disponíveis em pontos distantes do domicílio de suas necessidades, despertam em seu ânimo uma variante do suplício de Tântalo, ou aquele trecho da canção cantada pelos gerentes de bancos, relativamente ao dinheiro sob sua guarda: "Você vive ao meu lado, e eu não tenho você!".

A viabilidade de um açude deve ser determinada pela definição prévia do seu uso e pelo tempo de sua utilização. Só assim, se conhecerão a relação custo-benefício e sua consequente e indispensável viabilidade, frequentemente ignorada pelo setor público, quando atuando sob a motivação de interesses escusos, no estilo que tem escandalizado a nação. Chega-se facilmente ao custo da água quando se conhece o custo do seu armazenamento, já que têm custos iguais.

Quando a utilização da água para consumo humano (beber, cozinhar, higiene pessoal) é inviabilizada pelo custo do transporte, e o poder público descarta sua adução do represamento para os pontos de consumo, é preciso definir que usos justificam o empreendimento, a exemplo de uma improvável irrigação, piscicultura, turismo e outros.

A verdade é que, para satisfação do consumo humano, na maioria das habitações rurais do Semiárido, a utilização das águas açudadas só como exceção é o melhor meio. Tanto que pesquisa realizada para saber o que pensam as famílias rurais dos diferentes modos de abastecimento d'água revelou que as cacimbas, os poços amazonas, os pequenos açudes e os barreiros são os de maior significado para elas. As cacimbas, que lideram na preferência dessas famílias, são de baixo custo e de fácil construção, além de mais bem protegidas contra a evaporação. Nada mais são que buracos escavados no chão, sem qualquer revestimento lateral, em pontos baixos do terreno à volta, ou nos leitos secos de rios e de aguadas. Nas grandes secas, amplia-se a disponibilidade de água mediante o simples aprofundamento da cavidade aberta. A distância média que separa os mananciais do Semiárido de seus consumidores explica, facilmente, as razões dessa escolha. Enquanto os açudes do DNOCS distam, em média, oito quilômetros dos que recorrem a suas águas, esses outros meios estão a menos de um quilômetro. Quem tiver alguma dúvida sobre a racionalidade dessa preferência que ponha uma lata d'água na cabeça e comece a avaliar as sensações que se desenvolvem no espírito e no corpo, ao longo da penosa caminhada. Se tiver alma de dramaturgo, imagine o tamanho do desespero de quem tropeçar e perder o precioso líquido, meio à sofrida marcha. O surrado recurso aos caminhões pipas, durante as secas, é mecanismo eleitoreiro, caro e ineficaz. Para essas famílias desassistidas, portanto, a tecnologia mais atraente não está na energia atômica, nem nos mais avançados meios de comunicação eletrônica. Está num poço de água limpa no quintal da casa, uma vez que água caindo da torneira, tão comum às populações urbanas, é para a maioria delas um quimérico sonho de uma noite de verão...

O ideal seria que a qualidade da água das cacimbas fosse equivalente à dos poços tubulares. Como não é, urge aumentar o número de poços tubulares, de modo a reduzir a distância média de um quilômetro, hoje existente, para a média da distância das cacimbas, entre 200 e 300 metros. Por isso, os poços tubulares são tão mais atraentes. Isso explica por que o uso da água para fins domésticos é a dimensão menos útil das águas açudadas. Como regra geral, os poços tubulares e o aparelhamento de cacimbas são os recursos mais eficazes.

É imperativo reconhecer que, no Semiárido, o uso mais importante da água é para consumo humano, sobretudo para satisfazer as necessidades da vida doméstica, beber, cozinhar, lavar e tomar banho. Quem a experimentou, no campo ou na cidade, sabe como é constrangedor e redutor da qualidade de vida a carência de água, mesmo por breves períodos. As estatísticas revelam a importância da disponibilidade de água na decisão de pessoas migrarem para onde possam se libertar desse flagelo. Um dos óbices para a consolidação do abastecimento doméstico, à base da construção de poços e cacimbas, como prioridade, no Semiárido, é doloroso dizê-lo, decorre do seu baixo valor por unidade dificultar a propinação que se transformou na praga nacional que desembocou na Operação Lava-Jato. O governo Collor caiu pela combinação de dois fatores: a arrogância e o deslumbramento do jovem presidente, no trato com as pessoas, em geral, e com o Congresso, em particular, e a excessiva fragmentação das propinas, junto aos fornecedores do governo federal, fato que aumentou a exposição do esquema corrupto. Com o propósito de reduzir o número de parceiros e o consequente risco de uma exposição excessiva, o governo do PT terminou promovendo a maior concentração de verbas para poucos contratantes da história brasileira, sem falar nas perdas decorrentes dos empréstimos feitos pelo BNDES a empresas "amigas", altamente subsidiados, em valores da ordem de 50 bilhões de dólares anuais, resultantes da diferença entre os juros da captação, pela média da taxa Selic, e os juros cobrados para financiar, a fundo perdido, projetos em países bolivarianos. Com isso, Lula e Dilma asseguraram recursos colossais com que financiar suas eleições, ao tempo em que garantiam os votos desses países para o Brasil ocupar, tendo Lula como seu representante, uma cadeira no Conselho de Segurança da ONU.

Na tentativa de mascarar a construção do maior propinoduto da história do mundo, criou-se a "política" das empresas campeãs. Com isso, assistiu-se a um vertiginoso processo de formação de cartéis, pateticamente patrocinado por um partido que chegou ao poder, pregando valores morais e fidelidade aos interesses dos mais pobres. O PT não se apresentava, apenas, como um partido comprometido com a ética. Era a própria encarnação da ética. O nefasto resultado que levou o país à maior crise de sua história confere gritante atualidade ao diagnóstico do iconoclástico jornalista americano, Louis Menken, ao dizer: "Apresente-me um virtuoso sem mácula e eu lhe apontarei um filho da puta." Foi a partir da perspectiva de que o Semiárido traz, embutidos no seu bojo, os meios que ensejam a otimização do seu aproveitamento, que Manoel Bonfim elencou suas Sete Maravilhas: 1 – Piscicultura; 2 – Apicultura; 3 – Caprinocultura; 4 – Cajucultura; 5 – Umbucultura; 6 – Carnaubocultura; e 7 – Fibras vegetais.

AINDA PISCICULTURA

No mundo das proteínas animais, a piscicultura é o segmento que apresenta maior expansão. O peixe é uma das fontes de proteína mais antigas que se conhece, conforme depoimentos dos primeiros historiadores, a exemplo de Heródoto. É fácil compreender por quê. As margens das águas, do mar ou dos rios, como ainda hoje são, foram os espaços que ofereceram as condições mais favoráveis para a sobrevivência humana.

ÁGUA DOCE

A água doce representa, apenas, 2,5% do total da massa líquida existente na Terra. Desse total de água doce, 69% encontram-se nas geleiras polares e neve permanente. Trinta por cento são águas subterrâneas. O 1% restante se distribui entre os pântanos, placas de gelo flutuantes, umidade do solo, lagos e rios. A água contida em rios e lagos, em permanente processo de renovação, representa, apenas, 0,3% do total de água doce, com a qual a humanidade busca satisfazer suas necessidades, como beber, banhar-se, irrigar, fazer piscinas, canais e lagos artificiais. Essa assombrosa escassez é, ainda, agravada por sua má distribuição, no Brasil e no mundo.

AÇUDAGEM

Dos 70.000 açudes existentes no Nordeste, perfazendo um volume d'água de 37 bilhões de metros cúbicos, correspondentes a 15 vezes as águas contidas na baía da Guanabara, menos de 3% se encontram no Semiárido baiano, sem contar o lago de Sobradinho.

Como a provar que Deus é brasileiro, a baixa pluviosidade e a alta evaporação do Semiárido se associam para tornar a região de elevado potencial piscicultor. Disso é prova a alta produtividade dos espelhos d'água aí existentes, desde que aplicados os qualificados e crescentes recursos tecnológicos já disponíveis.

Com pouco mais de um quarto do total de espelhos d'água existentes no país (27,4%, ou seja: 1.500.000 hectares em 5.500.000), localizados nas bacias do São Francisco e do Parnaíba, e em outros pontos da região, o Semiárido tem tudo para se transformar em grande polo piscicultor, para consumo interno e para exportação. Dotado de açudes pequenos, médios e grandes, públicos e privados, estima-se que o aproveitamento racional dos espelhos d'água do Semiárido tenha potencial para decuplicar a produção brasileira de pescado em águas represadas. Isso não é meta para ser encarada displicentemente.

A Bahia tem uma participação muito pequena nos espelhos e no volume de águas açudadas, sem contar o colossal lago de Sobradinho – de aproveitamento problemático, pela enorme oscilação do nível de suas águas – o suficiente, porém, para fazer da piscicultura continental do estado importante fonte de riqueza econômica e de promoção social, a exemplo do açude de Jacurici, construído no rio do mesmo nome, nas proximidades de sua confluência com o rio Itapicuru, e a três léguas da cidade de Itiúba. Com uma superfície de quase dois mil hectares, represa cerca de 150 milhões de metros cúbicos de água, captados em uma bacia hidrográfica de 3.000km². A piscosidade aí registrada já foi considerada entre as maiores do Nordeste.

HISTÓRICO DA AÇUDAGEM

A avassaladora seca de 1877/1879 que se abateu sobre o Semiárido, ceifando 500.000 vidas, 10% da população nordestina de então, vitimada pela fome, sede e doenças, como tifo, bexiga e outras enfermidades, despertou o Brasil para a imperativa necessidade de construir açudes, como mecanismo de mitigação das inevitáveis agruras dos longos períodos estivais.

Os açudes, públicos e privados, pequenos, médios e grandes, existentes no Nordeste brasileiro, já somam 70.000 unidades, fato que torna a região a mais açudada do planeta, com um açude, em média, por cada área de 14 km². Essa fantástica massa de água represada, totalizando 37 bilhões de m³, corresponde a um terço das águas que o rio São Francisco despeja no mar, a cada ano. A tecnologia desenvolvida pela engenharia nacional, majoritariamente nordestina, reconhecida e valorizada mundo afora, ensejou a construção de grandes unidades, verdadeiros mares interiores. Para não secarem, preservando seu caráter plurianual, os açudes são projetados e construídos com grande rigor técnico, com padrão equiparável à tecnologia egípcia, com máxima atenção para os dados climatológicos da bacia hidrográfica considerada, seus índices pluviométricos e fluviométricos, vazões, quociente de evaporação, capacidade de armazenamento do reservatório, periodicidade das secas, materiais a serem utilizados. O pequeno açude de Pinhões, na Bahia, entre os municípios de Juazeiro e Curaçá, com apenas 15 milhões de m³, situado na região mais árida do Brasil, com precipitação anual de 380mm/ano, sofre uma evaporação anual de 4.000mm, quase a mesma do mar Vermelho. Ou seja: a evaporação é mais de dez vezes superior às chuvas. Apesar de números tão adversos, este açude nunca secou, servindo, ainda, como fonte alimentadora de um pequeno e ineficaz sistema de irrigação.

OS PRIMEIROS AÇUDES

Os primeiros açudes foram construídos no Brasil, de modo empírico, e sem maior expressão, no século XVIII. O padrão construtivo melhorou no século XIX, graças à elaboração de projetos, sendo o Cedro o melhor deles, construído em 1890, no município de Quixadá, no estado do Ceará. Graças à sua elevada piscosidade, o Cedro salvaria milhares de vidas, durante a grande seca de 1915, quando de suas águas foram retiradas 290 toneladas de pescado, com uma média diária de 2.700 quilos, e um recorde de 2.900 quiilos. Foi no alvorecer do século XX, porém, que se intensificaram as construções de novas unidades, trazendo a mensagem de otimismo de que a vida seria viável naqueles longes ressequidos. Os açudes Santana e 25 de Março, ambos no Rio Grande do Norte, tiveram notável desempenho naquela seca de 1915, ao salvarem da morte certa, com suas águas e seus pescados, milhares de flagelados. Sem dúvida, o papel desempenhado por essas aguadas pioneiras conferiu grande importância aos açudes como mecanismo de salvação de vidas, não apenas como fonte de abastecimento de água, como também de alimentos, a partir do peixamento que ganhou, desde então, grande prestígio, apesar de pouco numerosas as espécies autóctones conhecidas. Graças, porém, ao gaúcho Rodolpho von Ihering, um dos mais festejados cientistas brasileiros no campo da zoologia, primeiro diretor do Departamento de Piscicultura do DNOCS, cujas pesquisas ganharam o mundo, o peixamento, em grande escala, passou a ser possível pela reprodução induzida. De fato, a solução encontrada por Von Ihering ensejou o povoamento com peixes dos mais diferentes mananciais líquidos do planeta. O processo, denominado hipofisação, consiste na injeção em peixes de ambos os sexos, em idade reprodutora, de um soro feito com a hipófise do peixe reprodutor. Algumas horas mais tarde, misturam-se os óvulos extraídos da fêmea com os espermatozoides do macho, resultando na fecundação. Daí nascem as larvas que se transformam em alevinos, ou peixinhos miúdos. A taxa de sobrevivência, dos processos bem executados, pode chegar a impressionantes 100%. Dados oficiais registram uma produção de pescado em 103 açudes, no ano de 1982, de 18.500 toneladas. Somada a produção de outros açudes, o total alcançou 28.000 toneladas, números que revelam o enorme potencial piscicultor das águas interiores do Semiárido. Desgraçadamente, esta produção caiu, nos anos subsequentes, ao invés de subir, não por problemas técnicos, mas por questões, exclusivamente, orçamentárias.

PEIXAMENTO

O peixamento, que consiste na soltura de peixes tenros em áreas represadas, tem sido realizado pela Codevasf – em parceria com outras entidades destinadas ao desenvolvimento regional –, em açudes públicos, como os localizados em Poço de Fora, no município de Curaçá, contribuindo, de modo significativo, para a ingestão de proteínas pelas populações pobres, ribeirinhas. O tambaqui (*Colossoma Macropomum*), também conhecido como pacu vermelho, peixe originário da Amazônia, se adaptou bem ao ambiente do Semiárido, fornecendo óleo e carne saborosa. Podendo alcançar mais de um metro de comprimento, pesa, em média, 20 quilos!

Na Bahia, há seis períodos de defeso – época do ano em que é proibido pescar –, para cada um dos seguintes pescados: robalo, lagosta, piracema de rio, piracema de açude e camarão. O defeso da piracema é definido pelo Ibama – Instituto Brasileiro do Meio Ambiente e dos Recursos Naturais Renováveis. No caso em tela, estamos nos referindo ao defeso da pesca em águas açudadas, quando os açudes são nominados, por região e tipo de cultura. Durante a proibição, os pescadores artesanais recebem, em contrapartida por seu imobilismo compulsório, pagamentos mensais, correspondentes ao valor do salário-mínimo. Para fins eleitoreiros, no Nordeste como em toda parte, o PT elevou abusivamente o número dos beneficiados, sendo que muitos deles jamais exerceram qualquer atividade pesqueira. É apenas uma das dimensões do estímulo eleitoreiro com que o PT tem corrompido a alma popular.

Para eliminar ou reduzir os impactos causados pela seca nos açudes baianos, a Secretaria da Agricultura criou um plano com medidas mitigadoras, objetivando evitar a mortandade de peixes, como ocorreu no açude Itarandi, nas proximidades do município de Conceição do Coité, em janeiro de 2015, quando chuvas torrenciais carrearam material seco acumulado às margens e no leito dos córregos alimentadores, liberando excesso de gás carbônico, letal aos cardumes. Da continuidade e aprimoramento dessas medidas depende o futuro da piscicultura continental da Bahia, tarefa resultante do concurso inteligente de entidades públicas e privadas, interessadas no desenvolvimento da piscicultura, como importante dimensão do crescimento socioeconômico regional e do estado. Um dos grandes males que entravam o aproveitamento otimizado de nossas possibilidades, em vários domínios, consiste no caráter predominantemente reativo das ações governamentais que se manifestam mais para compensar perdas setoriais do que para implementar, em caráter rotineiro, as oportunidades existentes. O poder público, no Brasil, ainda não incorporou a lição segundo a qual as comunidades, como as organizações e os indivíduos, avançam na medida em que dedicam seus melhores esforços ao aproveitamento das oportunidades, e não para resolver ou minimizar problemas nascidos da imprevidência. Planejar, pois, é a palavra de ordem. Com o propósito de minimizar os impactos da seca sobre os açudes baianos, a Secretaria de Agricultura do estado, através da Bahia Pesca, elaborou um plano de ação, visando a redução da mortandade de peixes, como é frequente, inclusive durante o período de chuvas torrenciais que carreiam para o interior das aguadas material orgânico rico em gás carbônico, nitrogênio e fósforo, cujo excesso é letal aos cardumes. Para o descarte do material acumulado às margens e no leito das bacias que alimentam os açudes, elaborou-se um projeto de esgotamento sanitário, bem como tempestivo repovoamento das aguadas. Tudo isso acompanhado de um programa de capacitação dos pescadores.

CANUDOS

O açude de Cocorobó, que inundou o palco da batalha, em Canudos, onde pereceram Antônio Conselheiro e seus seguidores, com 4km de largura, quando cheio, chegou a, apenas, 500 metros, exibindo ruínas da antiga cidade, numa prova convincente de que a irrigação é prática inadequada para vencer a combinação de baixa pluviosidade com elevados níveis de evaporação. Os queixumes resultantes do inenarrável sofrimento da falta d'água e de seu cortejo de nefastas consequências continuarão a ecoar, em vão, enquanto as autoridades não compreenderem que não se investe, impunemente, contra a natureza das coisas.

AÇUDE BRUMADO

No sul do estado, o mesmo fenômeno do rebaixamento das águas ocorre, para aflição geral. O açude Brumado, que nas épocas secas chega a baixar a 10% de sua capacidade, faz inveja aos habitantes de Livramento, cidade vizinha, que veem o açude Riacho do Paulo, sua fonte de abastecimento, secar, completamente. A agricultura regional, desenvolvida por 2.600 famílias, responsável por mais de 20 mil empregos diretos, nos municípios de Rio de Contas, Dom Basílio e Livramento de Nossa Senhora, dedicados às culturas da manga, maracujá, goiaba, limão e coco, depende, para sobreviver, das águas instáveis do açude Brumado. Além do consumo local, a produção é exportada para a Europa, Estados Unidos e para os estados de Goiás e do Sul do Brasil. A cultura da banana, por consumir muita água, teve que ser abandonada. O programa original, para usar a água do açude por 48 horas semanais, foi reduzido, sucessivamente, para 24 e 12 horas. A verdade que não quer calar é que, salvo áreas já mapeadas, a irrigação não é meio adequado para o aproveitamento das riquezas do Semiárido, porque apenas 2% do seu território são aptos para implementar agricultura irrigada, a exemplo de um milhão de hectares na bacia do São Francisco – dos quais um terço já foi irrigado –, localizando-se 400 mil hectares na bacia do rio Parnaíba e seus afluentes, e mais 600 mil hectares dispersos em vários pontos da região. Isso significa que 98% da região só devem ser explorados com culturas de sequeiro, pecuária e outras atividades, milenarmente adaptadas ao meio. A luta inglória do homem do Semiárido, que teima em desenvolver atividades dependentes de chuva, me faz lembrar a dedicatória a mim dirigida – eu que nasci no município de Ipirá –, pelo engenheiro e escritor Guilherme Radel num seu livro dedicado à pecuária na caatinga: "Ao querido amigo Joaci Góes, que fugiu da caatinga para não ficar com o pescoço torto de tanto olhar para o céu!" Mais não disse, nem precisaria dizer! Uma perfeição!

A verdade é que nada existe de mais regular do que a irregularidade das chuvas, no Semiárido, cuja baixa intensidade, média de 600mm/ano, pode sofrer reduções de até 75%, como ocorreu em 1915, fato que inspirou Rachel de Queiroz, no verdor de seus vinte anos, a escrever seu livro inaugural *O Quinze*, em 1930.

No esforço adaptativo, para conviver com baixa pluviosidade, associada a elevados níveis de evaporação, o habitante do Semiárido conta com a experiência milenária de povos como os aborígenes da Austrália, os chineses, os nômades dos desertos – como os tuaregues do Kalahari –, os mongóis, na Ásia, os afegãos, os pigmeus do Saara, os cartagineses, os árabes, os indianos, os egípcios e muitos mais. O faraó Ramsés II, que governou o Egito por 66 anos, entre 1279 e 1213, a.C, construiu canais com mais de 1.000km de extensão, bem como o labiríntico lago Meris, de grandeza comparável a Sobradinho. Como Moisés teria sobrevivido, com o seu povo, atravessando desertos, a caminho da Terra Prometida? As cisternas, implúvios, algibes, cacimbas, açudes e pequenas barragens vêm desses tempos remotos e sofridos, bem como a captação da água da chuva. A falta de água, acima da falta de alimento, foi, sempre, o fator que mais fortemente ameaçou a sobrevivência humana, no tempo e no espaço. A importância da água para a vida reside no fato de que nenhum processo metabólico ocorre sem a sua ação direta ou indireta. Explica-se por que os antigos avançaram tanto na construção de aquedutos que ainda hoje impressionam. As mais avançadas técnicas modernas, na área de captação de água, desenvolvidas na Inglaterra e nos Estados Unidos, beberam nessas matrizes históricas. Quase metade dos Estados Unidos, envolvendo estados como Montana, Arizona, Colorado, Nebraska e Califórnia, está localizada em regiões áridas ou semiáridas, com índices de pluviosidade inferiores aos do nosso Semiárido, fato que estimulou a construção, no século XIX, do mega-açude Elephant Bute, com 3 bilhões de m^3 de água represada. Enquanto quase metade do território americano está em áreas assemelhadas ao Semiárido, apenas 12% do território brasileiro, todo eles no Nordeste, encontram-se nessa ambiência, estando um terço em território baiano. E do total do território baiano, 60%, 330.000km^2, registram pluviosidade inferior a 500mm/ano. O Ceará, com área de 248.000km^2, desfruta da mais alta pluviosidade regional, com 700mm/ano de precipitação.

A Bahia é, para o bem ou para o mal, a encarnação do Semiárido.

INTENSIDADE DA PISCICULTURA

A experiência acumulada, Brasil e mundo afora, define três graus na piscicultura: o extensivo, o intensivo e o superintensivo. No extensivo, em que os alevinos são simplesmente lançados nos reservatórios, sem maiores técnicas, os açudes brasileiros, considerados os mais piscosos do planeta, podem produzir 100 quilos por hectare de espelho d'água, produção maior do que a alcançada nas melhores regiões de pecuária bovina. No método intensivo, em que os peixes são criados em tanques cavados, e alimentados com ração balanceada, a produção pode oscilar entre 10 e 15 toneladas. Ou seja: uma produtividade, no mínimo, 150 vezes maior do que a obtida na pecuária bovina. Na piscicultura superintensiva, técnica preferida e já de domínio bem difundido, quando se utilizam tanques-rede, a produção pode alcançar incríveis 300 quilos por m^3 de água. Isso significa que num hectare, com dois metros de profundidade, totalizando, portanto, $20.000m^3$, a produção anual pode alcançar incríveis seis milhões de quilos, ou 6 mil toneladas, 3 por semestre!

Segundo estimativas do DPA – Departamento de Produção Animal, do Ministério da Agricultura, o Brasil pode alcançar 10 milhões de t/ano, de pescado de água doce, equivalentes a 40 bilhões de dólares! É covardia comparar tamanha produtividade com a obtida no antiecológico sistema de pecuária extensiva, predominante no Brasil. Ressalte-se, a título de mera observação, que a pecuária extensiva possui três marcantes características negativas: 1) Não há uso da terra que mais agrida o meio ambiente, que é destruído para dar lugar às forragens ou capim; 2) Não há atividade ligada à terra que gere menos emprego: um para 500 hectares, em média; 3) Não há uso da terra que produza menos riqueza por hectare. A média nacional não chega, sequer, a quatro arrobas de carne (60 quilos), por hectare. Mesmo considerando casos excepcionais de 5 a 6 arrobas por hectare, encontrados, sobretudo, nos discursos louvaminheiros dos fazendeiros, interessados em alardear as maravilhas de suas propriedades, essa pecuária superior ainda continua conferindo ao solo sua produtividade mais baixa! Ressalte-se, também, que os investimentos iniciais para a prática da piscicultura são sensivelmente inferiores aos requeridos pela pecuária. A diferença é abissal.

LAGO DE SOBRADINHO

Com uma superfície líquida de 520.000ha, equivalente à soma de todos os açudes do Semiárido, e represando 34 bilhões de m³ de água, em sua cota máxima de 392,5m, acima do nível do mar, estima-se que o lago de Sobradinho tenha capacidade de produzir 42.000t/ano de pescado, ou pouco mais de 100 toneladas diárias, como ocorreu durante os cinco anos compreendidos entre 1979 e 1983, quando se alcançou a cifra recorde de 30.000t/ano, ensejando às 72.000 pessoas deslocadas das velhas cidades inundadas para as novas, experimentarem uma saudável expectativa de tempos bonançosos. Os frigoríficos de Xique-Xique, Remanso e Sobradinho operavam, então, a pleno vapor; os negócios se multiplicavam, dentro e fora dos lares, e, com eles, as contratações. Ninguém ficou desempregado. Foi preciso importar mão de obra. As populações pobres das cidades à beira do lago exultavam. Foi assim em Casa Nova, Remanso, Pilão Arcado e Sento Sé. A repercussão do *boom* econômico estendia-se por dezenas de léguas, rio abaixo e rio acima.

A piscosidade do lago declinou, à proporção que diminuíam os abundantes nutrientes oriundos da massa orgânica, formada pela vegetação seca que apodrecia no fundo das águas. Paralelamente, diminuía a oxigenação pela mudança da velocidade das águas, cuja rapidez é própria das fluviais, para adquirirem o caráter quase estagnado das lacustres. Essa mudança atingiu os pescados de piracema, como o surubim, o curumatá, o dourado, o matrinchã, o pirá e tantos outros entre as 139 espécies existentes no São Francisco. As águas velozes dos rios – e não as paradas dos lagos –, são o seu ambiente ideal. A vastidão excessiva – chegando a mais de vinte quilômetros de largura, por mais de duzentos de comprimento –, e a profundidade do lago desorientaram os cardumes, acostumados a vadiar o rio de uma margem a outra, além de rapidamente excursionarem da superfície ao fundo em poucos impulsos, dominando seus meandros. A maior luminosidade e a transparência das águas decantadas do lago afugentaram a fauna, acostumada com a penumbra protetora das águas barrentas, contra a ação de predadores. Diminuiu, também, a quantidade de material sólido em suspensão, acarretando a escassez de alimentos. A diminuição da temperatura, sobretudo nas águas mais profundas do lago, também afugenta os peixes ambientados na tepidez das rasas. Coroando esse conjunto de adversidades, está a grande oscilação no nível das águas que chega a 10 metros abaixo da cota máxima, durante os períodos estivais. Essa baixa das águas é fatal para os berçários que se desenvolvem nas proximidades das margens do lago. A redução de um metro no nível das águas pode significar o recuo de um km das margens, estendendo-se rio abaixo e acima, por grandes extensões. As áreas mais rasas do lago, quando cheio, são onde os berçários florescem plenamente, por serem ricas de nutrientes; aí, também, a temperatura é mais alta, ao gosto das larvas e dos alevinos, razão pela qual as áreas rasas são consideradas o útero do lago.

O fenômeno não é novo, sendo mundialmente conhecido, acarretando brutais reduções nas atividades pesqueiras, como no caso de Sobradinho, que caíram em cerca de 90% dos anos áureos já mencionados. Antes, igual experiência viveram países detentores de grandes barragens como os Estados Unidos, Rússia e Egito, com Assuan, que represa as águas do Nilo. Outros grandes barramentos brasileiros, como Itaipu, Marimbondo, Furnas, Billings, Itaparica e Boa Esperança sofreram idêntica devastação em sua ictiofauna.

ESTUDO DE SOBRADINHO

Persiste o desafio de restaurar os elevados níveis de piscosidade de Sobradinho. Tudo indica que o peixamento anual do lago seja o melhor caminho. Segundo estudos da Codevasf, do início do atual milênio, com a utilização de apenas 0,1% da área do lago, alcançaremos 150kg/m^3/ano de pescado, o que corresponde a uma produção anual de 630.000 toneladas, ou duas vezes mais do que o total da produção nacional lacustre, que era de cerca de 300.000 mil toneladas, em 2010. Esse notável aumento resulta da exploração de 500 hectares, um milésimo, apenas, dos 500 mil hectares de superfície do lago, limite sugerido pelos órgãos ambientais, para assegurar um ambiente eutrófico sustentável, ou dotado de alimentos perenes para a ictiofauna. Sem falar nos grandes lagos, formados ao longo do rio São Francisco, como Sobradinho, Paulo Afonso, Itaparica, Xingó e Moxotó, e o lago de Boa Esperança no rio Parnaíba, há, no Semiárido, pelo menos 300 açudes com capacidade de acumular, cada um, água de vinte milhões de m^3 para cima, todos avaliados como adequados para a piscicultura em tanques-rede.

ESTRUTURA BUROCRÁTICA DO COMBATE À SECA

No início do século XX, foi criada a Inspetoria de Obras Contra as Secas que, em 1945, receberia o nome de Departamento Nacional de Obras Contra as Secas (DNOCS), com sede em Fortaleza, Ceará, estado que vem liderando o maior volume de águas represadas em açudes. Seguiu-se a criação da Comissão do Vale do São Francisco – para discutir e definir a política de desenvolvimento –, e da Companhia Hidroelétrica do São Francisco (Chesf) – para a produção de energia –, em 1948, passando pela criação do Banco do Nordeste, em 1952 e, finalmente, pela criação da Superintendência do Desenvolvimento do Nordeste (Sudene), em 1959. Desde sempre, as políticas públicas, voltadas para o Semiárido, visaram quase que exclusivamente o combate aos efeitos das grandes secas. Isso tudo resultou numa prática baseada na premissa segundo a qual caberia ao estado amenizar os efeitos perversos das secas para que o sertão sobrevivesse quando não prosperasse. O mesmo ocorre com o atual "Projeto de Transposição das águas do rio São Francisco", conduzido pelo Ministério da Integração Regional, e que reitera a velha "solução hidráulica", para o Nordeste, anterior aos anos de 1950.

Com muita razão, argumenta-se contrariamente à histórica predominância de engenheiros civis nos quadros da autarquia que, pelo alcance de seu significado social, ambiental e econômico, ela deveria contar com número adequado de profissionais dessas áreas, como economistas, sociólogos e ambientalistas.

PEQUENEZ DAS ÁGUAS REPRESADAS

As águas intermitentes de córregos temporários são, frequentemente, represadas, minimizando os efeitos da evaporação, da infiltração e do escoamento. A perda de água, por evaporação, chega a 80%, contra 10% de perda por infiltração; o mesmo percentual para o escoamento. O percentual, portanto, das águas represadas, oscila de 1% ou menos das chuvas que ocorrem, predominantemente, entre os meses de novembro e abril, para consumo no período de estiagem, entre maio e outubro. E o represamento de tão baixo percentual é suficiente para o nordestino sobreviver e prosperar, ainda que modestamente. O gigantesco açude do Castanhão, no Ceará, com 6,7 bilhões de m³, três vezes mais água do que a baía de Guanabara, pode ser visto da Lua. Cumpriu-se, por via transversa, a profecia do Conselheiro: O sertão virou mar.

Um século de reconhecido êxito no domínio da tecnologia da açudagem, no ambiente adverso do Semiárido, não foi suficiente para impedir a aventura da transposição das águas do Velho Chico que, depois de consumir toda a verba prevista, não se sabe quando estará concluída, nem se cumprirá, satisfatoriamente, os fins que levaram à sua construção. É provável que a possibilidade de ensejar gordas propinas tenha sido o fator determinante da transposição.

No aproveitamento racional do receituário de uma autêntica Aguabrás, desenvolvida por nossa tecnologia tupiniquim, reside uma das soluções do enigma do Semiárido.

CAUSAS DA POUCA ÁGUA AÇUDADA NA BAHIA

A Bahia, proporcionalmente ao seu tamanho, é o estado contemplado com a menor açudagem, entre todos os da região, não obstante sua menor pluviosidade e vasta área sugerirem o contrário. É possível que essa injustificável preterição do estado da Bahia tenha decorrido de uma atitude de arrogância de seus dirigentes que se ufanavam de possuir, no contexto nordestino, recursos mais glamourosos como cacau, petróleo e a energia de Paulo Afonso. O hino de campanha do candidato a governador, Juracy Magalhães, em 1950, dizia, dentre outras coisas: "Cacau, petróleo e Paulo Afonso, as riquezas da Bahia..." A implantação de uma infraestrutura hídrica seria, na visão estrábica de nossas lideranças, coisa para estados pobres, gente de segunda. O resultado é o que todos sabemos: o cacau perdeu seu significado econômico, o petróleo mudou de domicílio e a energia de Paulo Afonso ficou pequena. Daí, havermos construído, apenas, duas centenas de açudes, armazenando cerca de um bilhão de metros cúbicos, 2,5%, apenas, das águas represadas no Semiárido! Os grandes açudes nordestinos abrigam, isoladamente, volume maior do que a soma de todos os açudes baianos. Recorde-se que o Semiárido baiano possui excelente rede filamentar de rios e riachos, fatores que favorecem e recomendam programas de acumulação de águas. Além disso, o rio São Francisco atravessa a Bahia ao longo de 850km, pela margem esquerda, de Carinhana a Casa Nova, e 1.300, pela direita, de Malhada a Paulo Afonso. Enquanto a Bahia, com 2.150 km, portanto, de linda com as águas do Velho Chico, nas duas margens, conta, apenas, com uma adutora para abastecer suas cidades ribeirinhas, o vizinho estado de Sergipe, com 250 km, tem cinco adutoras levando água aos seus municípios. Essa histórica apatia, em contraste com o dinamismo dos demais estados nordestinos, na implantação de sua infraestrutura aquífera, lançou o Semiárido baiano na mais patética solidão hidrogeográfica do país. Isso tudo quando, ainda neste início de terceiro milênio, se registra a carência de água em mais da metade dos municípios do estado, fator travante do seu desenvolvimento social e econômico. Depondo sobre o assunto, Manoel Bonfim Ribeiro sintetizou: "A Bahia não participou da epopeia nordestina, gerando e acumulando água para os períodos inditosos. Não tivemos um programa específico e determinado de construir uma estrutura hídrica."

USOS DA ÁGUA

Há um conflito latente entre o uso da água para abastecimento humano e para outras finalidades, em razão do comprometimento de sua potabilidade, como o produzido pela descarga de esgotos urbanos, pelo rebotalho de fertilizantes e, até mesmo, pelos nutrientes requeridos pela piscicultura, atividades que promovem a presença de substancial quantidade de bactérias oriundas das florações de algas, como as cianobactérias, pondo em risco a saúde das pessoas.

Na Bahia, no açude do Jucurici, formado com o represamento das águas do rio do mesmo nome, no município de Itiúba, a 32km de sua confluência com o rio Itapicuru, foi realizado um estudo para diagnosticar a hipótese da ocorrência excessiva de cianobactérias, potencialmente tóxicas, em suas águas, destinadas ao abastecimento humano, entre os anos de 2010 e 2011. A pesquisa, sob o controle da Embasa, revelou que a presença de cianobactérias na água bruta estava acima das 20.000 células, limite máximo permitido pela legislação. Outros indicadores foram considerados prejudiciais à saúde humana. Como tudo o que ameaça o horizonte da vida deve ser descartado, não se justifica qualquer atividade que comprometa a qualidade da água destinada ao consumo humano.

AÇUDE DE COCOROBÓ

Um exemplo prático do poder de fixação do homem à terra e da melhoria de suas condições de vida é oferecido pelo açude de Cocorobó, no Nordeste baiano, construído em 1967, com a finalidade de regularizar em 2,4m³/s, a vazão do rio Vaza-Barris, assegurando o abastecimento das populações dos municípios de Canudos e Jeremoabo, listados entre os mais atingidos pela escassez d'água do Semiárido. Como se sabe, Canudos foi o palco da famosa Guerra de Canudos, genocídio oficial que imolou o beato Antônio Conselheiro e seus seguidores, na última década do século XIX. Registre-se, como curiosidade histórica, que o açude de Cocorobó nasceu do pedido que um líder local, o coronel Canário, fez ao ditador Getúlio Vargas, que visitava a região, em 1945.

O ponto escolhido para a construção do açude, ainda que o mais indicado do ponto de vista geológico e topográfico, representou notável custo antropoarqueológico, na medida em que submergiu o sítio histórico, proscênio da famigerada carnificina, tema de clássicos universais, como *Os sertões,* de Euclides da Cunha, e *A guerra do fim do mundo,* de Mário

Vargas Llosa. Para a sede atual de Canudos foram transferidos os moradores do antigo aglomerado humano. Numa prova do inquestionável poder das aguadas de fixar o homem, sem a construção de Cocorobó, as populações que gravitam à sua volta, certamente teriam migrado para outras regiões.

PROCESSO EVOLUTIVO DA AÇUDAGEM

Os pequenos sistemas de acumulação, inicialmente, destinados, apenas, ao consumo humano, foram gradativamente ampliados para atender múltiplas finalidades como a geração de energia, irrigação, lazer, piscicultura, o controle de cheias e a perenização de rios. Essa diversidade, nem sempre criteriosa, tem produzido, em alguns casos, impactos ambientais tão negativos que anulam os benefícios auferidos, em consequência, sobretudo, da degradação da qualidade da água, em razão do excesso de acumulação de agentes químicos, ocasionando, dentre outros, o mais presente dos males, consistente na salinização, provocada pela evaporação. Exemplo disso é encontrado na grande bacia do rio das Contas, onde os terrenos cristalinos tornam escassos os mananciais de águas subterrâneas. Ali, os quase trinta açudes existentes, de pequeno, médio e grande porte, acumulam mais de dois bilhões de metros cúbicos de água, dos quais elevada percentagem foi deteriorada pelo processo de salinização.

Para conhecer o fenômeno, a fim de contorná-lo, foram realizados trabalhos de pesquisa nos açudes de Comocoxico, Morrinhos, Pedras, Água Fria, Angico, Divino, Anagé e de Tremedal, na região de Vitória da Conquista, nas bacias dos rios Gavião, das Contas e Pardo, ao longo dos anos de

1995/1996. Os resultados encontrados contribuem para que não se repitam os evitáveis erros identificados, bem como se valorize a correção de outros, cuja análise foge aos propósitos deste trabalho.

MAIS PISCICULTURA

Do total de 1,5 milhões de toneladas pescadas em 2013, gerando um PIB pesqueiro nacional de R$ 5 bilhões, algo próximo de US$ 2 bilhões, 40% foram cultivadas na costa marinha e no interior, mobilizando milhares de profissionais, entre pescadores e aquicultores, e criando numerosos empregos diretos e indiretos. O Brasil, 12º produtor mundial, tem tudo para ser um dos primeiros, respeitada a pujança da China, que lidera com muitos corpos à frente.

AINDA SOBRADINHO

O lago de Sobradinho ensejou a vazão regularizada de 2.060m³/s, assegurando o funcionamento, ao longo de todo o ano, do sistema Paulo Afonso de energia, além de gerar 1.000mw em suas próprias turbinas. No cinturão de terras entre áridas e desérticas que o margeiam, praticam-se a agricultura de vazante, de baixo ciclo, e a pecuária leiteira. A jusante do barramento, a irrigação de projetos agrícolas, no eixo Juazeiro-Petrolina, resultou em sucesso mundialmente aplaudido. Os projetos Salitre e Baixio de Irecê caminham para alcançar idêntico êxito.

A famigerada vocação brasileira para o desperdício, porém, não tem permitido o aproveitamento do enorme potencial do lago de Sobradinho, para vários fins, a exemplo de sua navegação, tanto para o transporte de gente e de mercadorias, como para o turismo e o lazer. A passagem das embarcações do lago para o leito do rio, a jusante, ou vice-versa, se processa através de eclusas que se esvaziam para permitir a descida das embarcações, ou se enchem, para que elas ascendam ao nível mais alto das águas do lago. Quem viver esta experiência, como o autor destas linhas, sentirá as mesmas emoções de quem já atravessou o canal do Panamá. Formado desde setembro de 1977, os brasileiros, em geral, e os baianos, em particular, sabem muito pouco a respeito das grandes possibilidades de usos deste que é um dos maiores lagos artificiais do mundo.

ESTUDOS SOBRE O POTENCIAL HÍDRICO DO NORDESTE

Para o bom aproveitamento do potencial hídrico do Nordeste e do Brasil, em geral, e da Bahia, em particular, há um respeitável acervo de trabalhos produzidos por empresas nacionais – estaduais, como federais –, a exemplo da Epagri – Empresa de Pesquisa Agropecuária e Extensão Rural de Santa Catarina; o Emater – Instituto Paranaense de Assistência Técnica e Extensão Rural; a Fiperj – Fundação Instituto de Pesca do Estado do Rio de Janeiro; o Sebrae – Serviço Brasileiro de Apoio às Micro e Pequenas Empresas. A FAO – Food and Agriculture Organization, organismo internacional ligado à ONU, que lida com a questão alimentar no mundo, é depositária e fornecedora do mais completo repertório de métodos e técnicas pesqueiros praticados mundo afora, material de grande valor para orientar o aproveitamentio de nosso potencial hídrico.

PANORAMA GERAL DA PESCA

Segundo a FAO, a produção mundial de pescado, extrativa e cultivada, em 2010, foi de 168 milhões de toneladas, registrando um crescimento de 3% sobre o ano anterior. Os maiores produtores, como sempre, foram os chineses, com 63 milhões de toneladas, seguidos de muito longe da Indonésia, com 11,7 milhões, a Índia com 9,3 milhões e o Japão com cerca de 5,2 milhões de toneladas. O Brasil, com pífios 1,25t, contribuiu com 0,75% da produção mundial, ocupando o 19º lugar, caindo da 18º, no ano anterior. Como rabo de cavalo, crescemos para baixo. Na América do Sul, o Peru, debruçado sobre as águas piscosas do Pacífico, registrou uma produção de 4,5 milhões de toneladas, seguido pelo Chile, com 3,8 milhões. O Brasil aparece em terceiro lugar, na América do Sul, à frente da Argentina, que produz 814 mil toneladas.

Novo relatório da FAO, "O Estado Mundial da Pesca e Aquicultura – 2016", avalia que o Brasil deve registrar o maior crescimento, até 2025, da América Latina, seguido de México e Argentina. A produção brasileira de 1,3 milhões de toneladas, em 2013, subiu para 1,9 milhões, em 2015, devendo alcançar 2,9 milhões, em 2025, números que correspondem a 2% do crescimento mundial. É consenso que o Brasil tem potencial para crescer mais, tanto em números absolutos, quanto relativos.

Em 2014, o aumento da produção em cativeiro superou, pela primeira vez, o volume obtido na pesca tradicional. Metade, portanto, do pescado que vem à mesa do consumidor mundial já provém da aquicultura, participação que deverá crescer sistematicamente a cada ano.

Oficialmente, a aquicultura proporciona 356 mil empregos diretos na América Latina, cobrindo as necessidades de mais de dois milhões de indivíduos, abrigados em cerca de 500 mil famílias. A média do consumo anual de pescado de 10 quilos *per capita*, na região, ainda é baixa, correspondendo à metade da média mundial. A redução do desperdício e a melhoria dos canais de distribuição, associadas à elevação da renda média, são fatores contributivos para a elevação do consumo.

CAPÍTULO 4

APICULTURA OU MELIPONICULTURA

Segundo Einstein, "se as abelhas desaparecessem da face da Terra, a humanidade também desapareceria, pouco tempo depois". O Semiárido tem todas as condições para se transformar, em curto espaço de tempo, uma década, apenas, num dos maiores centros produtores de mel do mundo, além de seus derivados geleia, pólen, própolis e apitoxina. Essa tangível possibilidade decorre da vegetação xerófila aí desenvolvida, graças aos vários mecanismos de sobrevivência e perpetuação de suas espécies, dos quais o mais importante é, sem dúvida, a profusão de flores variadas durante o período das chuvas, flores que rebrotam na estação seguinte, em consequência dos frutos e das sementes que se espalham pelo solo. A caatinga, vegetação dominante no Semiárido, é caducifólia, ou seja, suas folhas caem no solo e hibernam durante a estiagem, ensejando um vertiginoso renascimento com as primeiras chuvas, incomparável atrativo para a fauna apícola. As abelhas autóctones que aí abundam são pouco produtivas de mel. Sua função essencial sempre foi a de polinizar o meio tropical, promovendo a manutenção e renovação da flora nativa. A grande diversidade da flora brasileira resulta desse contínuo espargimento do pólen reprodutor. Essas flores e plantas, ricas de pólen e néctar, são o alimento das abelhas, indispensável para a produção do mel. Segundo Manoel Bonfim, "esta rica fitogeografia é um paraíso, o melhor do mundo para o desenvolvimento de um vigoroso programa de apicultura orgânica. O Semiárido baiano, este grande sertão dilatado, pode produzir cerca de 120.000 toneladas de mel por ano, três vezes o que todo o Brasil produz". Enquanto uma colmeia do Semiárido produz entre 80 e 100 quilos de mel ao ano, na Europa e nos Estados Unidos essa produção oscila entre 20 e 30 quilos. Acrescente-se o detalhe, nada desprezível, nesses tempos de busca crescente por alimentos organicamente puros, que o mel do Semiárido é inteiramente natural, livre de agrotóxicos de qualquer índole. Além da geração de milhares de empregos para os nativos, a produção de mel pode ser uma grande fonte de divisas para a região e o país.

PRODUTIVIDADE DAS ABELHAS

Nas Américas, além de pouco melíferas, as abelhas nativas, cerca de 300 espécies, quase todas são melíponas (não têm ferrão). Registre-se, com grande pesar, que, segundo estudos da Universidade Federal da Bahia, já no ano de 1997, cerca de 100 dessas abelhas, um terço, portanto, se encontravam em fase de extinção, pelas ações humanas, como as queimadas e aplicação de agrotóxicos. Isso explica a incompatibilidade entre a apicultura e a agricultura irrigada, desenvolvida à base de agrotóxicos. Até sua proibição no Brasil, o famigerado DDT fez uma devastação, sem precedentes, na vida animal.

IMPORTAÇÃO DE ABELHAS E DESENVOLVIMENTO DE NOSSA APICULTURA

Foi o então muito jovem d. Pedro II quem autorizou, em 1839, a importação de abelhas melíferas, para o Rio de Janeiro, aonde a *Apis mellifera ibérica* chegou, vinda de Portugal. Mais de um século depois, em 1956, o município de Rio Claro, São Paulo, importou, da África, para experiência laboratorial, 26 rainhas da família *Apis mellifera scutellata*. A acidental fuga de 16 dessas rainhas resultou no afortunado cruzamento com a *Apis mellifera ibérica*, do qual resultou uma terceira prole que herdou a melifluidade europeia e a agressividade, prolificidade e a adaptabilidade africanas, espécie híbrida batizada como *Apis brasilienses*. A expansão da nova espécie no novo habitat foi impressionante. Em dez anos, era presença marcante em todo o Semiárido. Em vinte anos, chegou à Venezuela, e em trinta, ao México. Tudo isso entre 1956 e 1986. Só o clima e a altitude da cordilheira dos Andes barraram o seu avanço.

Com alta luminosidade e calor, vegetação baixa e abundante, ausência de geadas e de ventos fortes, topografia levemente ondulada, baixa pluviosidade, o Semiárido se revelou o ambiente ideal para a nova espécie que representa uma dádiva para a região.

Como em todo projeto agropecuário, os destinados à produção de mel devem levar em conta as condições ambientais locais, como historicamente registradas ao longo de ciclos duradouros, com atenção especial para as isoietas, as linhas que, numa carta geográfica, unem os pontos dotados dos mesmos índices pluviométricos. O ciclo das chuvas ou pluviograma define as épocas da safra de mel, em razão de sua estrita dependência das florações. A produção de mel, como os demais produtos agrícolas, depende da intensidade das chuvas anuais, havendo sempre uma produção mínima, mesmo nos anos mais secos. O domínio de estatísticas obtidas ao longo de quase um século, pelos vários organismos regionais e nacionais dedicados ao Semiárido, proporciona considerável margem de segurança na previsão das chuvas, que ocorrem entre os meses de novembro e junho, sendo praticamente zero entre os meses de julho e outubro, quando a população das colmeias cai, drasticamente, de uma média de 80.000 para, apenas, 2.000 abelhas, queda auxiliada pela suspensão quase total das posturas das abelhas mães. Para minorar o impacto causado pela pequena pluviosidade, os apicultores recorrem a alimentos artificiais. Essa alimentação artificial se dá pela combinação de dois tipos de alimentos, um energético, que pode ser manga, caju, caldo de cana ou água com açúcar, e um alimento proteico, obtido pela mistura triturada de grãos de soja e de milho.

Não obstante os avanços conquistados pelos estudos já desenvolvidos em favor da apicultura, como os voltados para a Chapada Diamantina e o submédio São Francisco, muito há, ainda, por fazer, para que nos aproximemos, cada vez mais, do grande potencial apicultor do Semiárido, a exemplo do levantamento cadastral das plantas melíficas e sua localização em cada um dos municípios da região, bem como seus períodos de floração. Centros tecnológicos regionais e permanentes, integrados por agentes escolhidos por critérios meritocráticos e não eleitoreiros, como virou regra, são de preceito imperativo. Além de pesquisar, esses centros devem ser dotados de gente capaz de treinar, continuamente, as populações autóctones, interessadas na produção de mel. É preciso adotar, como bandeira permanente, a lição, universalmente consagrada, segundo a qual apicultura e agrotóxicos são coisas incompatíveis. É necessário, também, pôr fim à picaretagem política sistêmica, a mesma que impede o avanço educacional das populações carentes, vitimadas pela anética exploração do populismo político irresponsável que assola o país, e que vive de costas para o mérito.

A UNIÃO FAZ A FORÇA

Para dar efetividade a esse potencial, a Bahia deve unir os seus esforços aos de outros estados, como o Piauí e o Ceará, os mais adiantados da região, no particular do cultivo das filhas de Aristeu, o pastor da mitologia grega, filho de Apolo com Cirene, pioneiro na produção de mel e cultivo de oliveiras. O município de Picos, no Piauí, lidera na produção de mel, que alcançou, em 2015, o status de segundo maior produto de exportação do estado, com 2,5 mil toneladas. Explica-se por que Picos, com quase 100 mil colmeias e com quatro a cinco colheitas anuais, com uma média de 80 quilos por colmeia, um recorde mundial, é denominado a capital brasileira do mel. Registre-se que a jovem apicultura no Piauí começou em 1972. As semelhanças ambientais entre Picos, no Piauí, e Canudos, na Bahia, são notáveis: mesma época e quantidade de chuvas, mesmo período de safra, a mesma vegetação, temperatura, luminosidade, altitude, exposição solar e evaporação. O que difere, nos dois municípios, é a capacidade de cada um transformar em riqueza os idênticos recursos naturais que possuem.

APRIMORAMENTO DA QUALIDADE

No estado do Ceará, 1º exportador de mel do Semiárido, e 3º maior do país, abaixo do Rio Grande do Sul e de São Paulo, a produção de mel cresceu mais de 300%, entre os anos 2000 e 2010, atingindo seis mil toneladas anuais, dois terços das quais são exportados. Essa produtividade foi alcançada, em grande medida, graças ao domínio da alimentação artificial das abelhas, no período estival, diminuindo os efeitos da ausência de chuvas. O pequeno produtor do Ceará possui, em média, 35 colmeias, fato relevante no aspecto social, por proporcionar a elevação da renda de famílias carentes. Como cada colmeia produz, por ano, entre 25 e 35 quilos de mel, o pequeno produtor colhe, em média, entre 875 e 1.225 quilos, perfazendo um total entre US$30.625,00 e US$42.875,00. Uma verdadeira revolução, já que, convertidos em reais, esses valores representam dezenas de vezes mais a renda média do trabalhador rural da região. O mel do Semiárido tem sobre o produzido nos estados do Sul a vantagem de ser orgânico, originário da caatinga, livre das florações obtidas a partir da aplicação de agrotóxicos. O reconhecimento internacional da qualidade do mel de origem cearense explica por que, sendo o sexto produtor nacional, o estado ocupa o terceiro posto na pauta das exportações do produto. A Bahia, a exemplo do que já vem acontecendo com outros estados nordestinos, particularmente Piauí e Rio Grande do Norte, deve ter a humildade de adotar o Ceará como modelo. O Ceará deu início ao seu vitorioso projeto apicultor no início dos anos de 1980, atividade presente em quase 90% dos seus 184 municípios, os mais produtivos dos quais se situam nas regiões do Cariri,

Baixo Jaguaribe e Sertão dos Inhamuns. A abelha africana é a que aí predomina.

POTENCIAL MERCADOLÓGICO DO MEL

Para que se tenha uma ideia do potencial de crescimento do consumo doméstico de mel, basta mencionar que, enquanto o chinês consome, em média, 2 quilos de mel por ano, no Brasil, a média de consumo, 13 vezes menor, cai para 150 gramas. Mais importante do que o significado da apicultura para o desenvolvimento econômico da Bahia e do Nordeste é seu papel como mecanismo de promoção social das famílias de mais baixa renda.

VOCAÇÃO APICULTORA DA BAHIA

A vegetação e o clima de cada um dos 562.000km² da Bahia a tornam uma verdadeira meca para a apicultura de pequeno e grande portes.

Chamada de Região Hidrófila, em razão de sua elevada pluviosidade, a maior porção dos 81.000km² da Mata Atlântica nordestina encontra-se na Bahia. Apesar de sua exuberante vegetação limitar o voo das abelhas, o ambiente oferece, no geral, ricas possibilidades para a apicultura.

A Região Mesófila, no sudoeste do estado, entre a Mata Atlântica e o Semiárido, ocupando o planalto de Conquista e a Chapada Diamantina, com 46.000km², tem uma precipitação anual entre 1.000 e 1.200mm. Seu potencial melífero decorre das floradas intensas de sua vegetação variada, em que predominam as espécies do cerrado, nos seis meses compreendidos entre outubro e abril. Os apiários existentes na região são um atestado de sua vocação melífera.

A Região dos Cerrados, com 115.000km², limítrofe, mas não incluída na poligonal do Semiárido, desfruta de uma pluviosidade média ligeiramente superior a 1.000mm/ano. Muito rica de água, conta com 44 rios perenes, de variados tamanhos, todos componentes da bacia do São Francisco. Em um quarto de sua área, desenvolvem-se atividades agropecuárias, com predominância de soja, arroz, milho, feijão, algodão, café e pecuária bovina. Em sua topografia plana, abundam campinas, cujas floradas multicores atraem as abelhas, ao longo dos meses compreendidos entre novembro e março, favorecendo grandes projetos apícolas.

A Região Xerófila cobre quase todo o Semiárido baiano. Com um mínimo de 320.000km², correspondendo a cerca de 60% do território do estado, dispõe do maior acervo das plantas xerófilas, no planeta. Aí, a pluviosidade tem como teto uma precipitação de 600mm/ano, limitada ao período compreendido entre novembro e março, com raras exceções. Acredita-se que seja a região de maior vocação apícola do mundo, podendo a Bahia transformar-se numa potência melífera próxima das 100 mil toneladas anuais, algo em torno de 400 milhões de dólares, maior do que a produção total do Brasil neste início do terceiro milênio. Números, é verdade, correspondentes, aproximadamente, à média anual das propinas pagas pelo Grupo Odebrecht aos líderes da base aliada dos governos petistas. É por isso que esse valor absoluto, quando dividido pelos milhares de pequenos produtores, deixa uma renda média que, aos olhos dos que têm feito do Brasil um grande balcão de negócios escusos, parece coisa miúda. Para as famílias dos produtores, porém, é valor redentor de quantos vivem na linha da pobreza. Uma das tragédias que se adonou das práticas administrativas brasileiras, em todos os níveis, com as exceções de praxe, é concentrar esforços em grandes obras por ensejarem gordas propinas. O interesse social que se dane! A impunidade reinante, agora patrocinada e garantida por bandidos com assento na Suprema Corte, tem estimulado o cultivo dessa mentalidade comprometedora de nosso avanço econômico e social.

ABUNDÂNCIA DE FLORES, NÉCTAR E PÓLEN

Observe-se que as culturas hoje existentes na região favorecem a apicultura, pela maior quantidade de flores, de néctar e de pólen. O reverso é igualmente verdadeiro, na medida em que a polinização entomófila cruzada gera mais flores, mais frutos e, consequentemente, mais sementes reprodutoras. Da interação desses processos resulta, também, maior fecundidade da terra, constituindo saudável serendipitia, rica de sinergias.

CONCLUSÃO

Como se vê, a Bahia possui excelentes condições para fazer da apicultura uma importante fonte de riqueza e um poderoso estímulo para fixar o homem no Semiárido, ensejando-lhe usufruir de uma cidadania plena. Enfatize-se, em favor da apicultura, o crescente interesse do mundo pelos produtos apícolas, como consequência do reconhecimento de seu papel como agente portador de benefícios para a saúde, em face de suas reconhecidas propriedades medicinais e nutritivas.

A mais disso, em lugar de excludente, é notável o mutualismo protagonizado pelas abelhas, esse importante inseto da família dos himenópteros, em sua interação com o meio ambiente – o solo, a flora e a fauna de todas as escalas. A apicultura eleva a produção de vários cereais, alguns, até, em mais de 100%, além de oferecer derivados, largamente apreciados, como geleia, própolis e outros.

CAPÍTULO 5

CAPRINOCULTURA E OVINOCULTURA

A caprinocultura chegou ao Brasil no século XVII, trazida da Península Ibérica, pelo colonizador. No Nordeste, em geral, e na Bahia, em particular, a caprinocultura encontra todas as condições para avançar, constituindo-se num dos pilares de maior importância para o seu desenvolvimento. Sua adaptação ao Semiárido foi imediata, ainda que o seu desenvolvimento, para atingir o estágio atual, tenha sido lento, período em que se afirmou como de grande importância para a sobrevivência das populações rurais. A importação de raças europeias, para a produção de leite, e de raças africanas, para a produção de carne, contribuiu, de modo decisivo, para elevar o significado econômico da caprinocultura. Aqui se encontram fazendas com excelente nível de organização e produtividade, com queijos e carnes de qualidade presentes nas prateleiras dos supermercados brasileiros. É também variada a produção de artigos a partir da pele dessa resistente espécie pecuária.

Originadas dos Pirineus e dos altiplanos da Península Ibérica, as primeiras matrizes do rebanho caprino chegaram ao Nordeste, entre os fins do século XVI e começos do XVII, trazidas pelo colonizador português. Para possibilitar a adaptação desses animais ao choque térmico, entre o frio europeu e o calor do Semiárido, a mãe natureza reduziu o seu peso, de modo a se satisfazerem com menos alimentos, aumentou a espessura da pele, para resistir aos espinhos da vegetação xerófila, bem como as dimensões dos chifres, para arrastar de entre as árvores espinhentas, para campo limpo, as ramagens nutritivas. O aumento da mortalidade foi compensado, à larga, pela elevação da fecundidade, resultando na parição de dois ou mais rebentos por barriga.

A rusticidade alcançada, como imperativo adaptativo de sobrevivência, tornou a espécie economicamente valiosa, na dependência, exclusiva, da adequação do manejo de cada uma das raças, entre as quais se destacam a moxotó, a gurgueia, a canindé, a repartida e a marota. Posteriormente, outras raças foram importadas, também da Europa, com o propósito de aumentar a produtividade dos plantéis, a exemplo da parda alpina, parda alemã, saanem dos Alpes, toggenburg e a anglo-nubiana.

Do rebanho mundial de 717 milhões de cabeças, em 2001, segundo dados da FAO, o Brasil contava com, apenas, 12,5 milhões, dos quais 94% no Nordeste, ocupando a Bahia o 1º lugar, com 4,5 milhões de cabeças, seguida do Piauí, Pernambuco e Ceará, respectivamente, com 2,3, 1,4 e 1,2 milhões de cabeças. Avalia-se que o Nordeste tenha potencial para chegar a entre 80 e 100 milhões de cabeças, cabendo à Bahia um terço desses números, se formos capazes de vencer a ação letal de parasitoses gastrintestinais, flagelo dos pequenos ruminantes, sobretudo dos caprinos.

A caprinocultura do Semiárido baiano é, predominantemente, de corte, como o é a de todo o Nordeste, diferentemente da caprinocultura do Centro-Sul do país, marcadamente leiteira.

O abate se processa entre um ano e ano e meio de idade das reses, quando atingem a curva ótima de obtenção de peso, que varia entre 15 e 20 quilos, nas raças nativas. Sua carne, sem gordura e de sabor apreciado, é comercializada, diariamente, nas feiras dos sertões, e em diversas cidades Brasil afora. Enquanto o teor de gordura da carne ovina é de 17,18% e a da bovina é de 17,14%, esse percentual cai para, incríveis, 2,76% na caprinocultura. Uma diferença e tanto.

A pequenez da infraestrutura existente na Bahia compromete a expansão da caprinocultura, com honrosas exceções, como as que encontramos nos municípios de Jequié e Feira de Santana, onde a indústria frigorífica processa as matérias-primas, agregando-lhes valores que possibilitam o aproveitamento integral das partes dos caprinos, como traseiros, dianteiros, costelas, miúdos, linguiças e outros derivados, congelados a vácuo. Em várias cidades da Bahia, como Irecê, Barreiras e Juazeiro, há restaurantes que têm na carne de bode seus pratos mais concorridos. Em Petrolina, cidade pernambucana separada de Juazeiro por uma ponte sobre o São Francisco, há uma cadeia de restaurantes, chamada Bodródomo, que serve um festival de diferentes pratos com a carne caprina, despontando uma raça de origem africana, cujo nome de batismo, boer, significa carne em alemão. Originária da África do Sul, a raça boer, que chegou ao Brasil através do Canadá, tem elevada taxa de fertilidade e de crescimento, pesando 100 quilos, em média, no abate, alcançando 40 quilos, aos seis meses, podendo chegar a 180 quilos, aos dois anos de idade. Graças a ela, a caprinocultura de corte ganhou o mundo. Sua pele serve a vários fins, particularmente para a confecção de peças do vestuário de homens e mulheres, como sapatos, bolsas, pastas, jalecos, jaquetas, blusas, saias, calças e cintos.

Como fonte de produção leiteira, a caprinocultura, na Bahia e no Nordeste, se encontra vários degraus abaixo do patamar alcançado no Centro-Sul, tendo, portanto, muito a avançar. A raça anglonubiana, originária do cruzamento de cabras da Grã-Bretanha com bodes nubianos, é a que melhor se adaptou ao ambiente do Semiárido, sendo bem-sucedidos os cruzamentos de seus reprodutores com as matrizes nativas da região, de grande resistência e rusticidade. A fazenda Cabanha Paschoal, no município de Ipirá, na Bahia, com um dos maiores e melhores plantéis de caprinos anglonubianos do Brasil, é prova da adaptação ambiental dessa raça. Ela é dirigida pelo proprietário Tomaz Quintas Radel e pelo engenheiro Guilherme Requião Radel, membro da Academia de Letras da Bahia, reputado, por muitos, o maior polígrafo brasileiro da atualidade.

A Bahia, a partir da experiência já acumulada no Centro-Sul e no Nordeste, pode fazer do leite de cabra e dos seus derivados ponderável fonte de riqueza. Criadores do Centro-Sul produzem queijos tão apreciados quanto os provenientes da França, como o camembert, o roquefort, o boursin, o chabichou e outros. A produção nordestina ainda é pequena, não obstante sua boa qualidade, como se registra nos municípios de Soledade e Taperoá, na Paraíba, e nos municípios baianos de Casa Nova, à beira do lago de Sobradinho, Rui Barbosa e Valente. Essa pequena produção, predominantemente artesanal, é consumida na própria região. Com o mínimo de apoio, pode ser largamente ampliada. O Semiárido, em geral, e o baiano, em particular, podem se transformar num grande polos produtores de leite caprino e de seus derivados.

COMO APRENDER A TIRAR PARTIDO DOS DERIVADOS DA CAPRINOCULTURA

Além de presenciais, há, na Internet, dezenas de cursos destinados ao ensino de métodos de fabricação de queijos e demais derivados do leite de cabra. Cada um dos núcleos regionais de apoio ao desenvolvimento do Semiárido deve ser dotado, também, de pessoal habilitado a treinar os interessados no desenvolvimento dessa promissora atividade.

A caprinocultura é experiência tradicional e vitoriosa no Semiárido baiano, passando de uma geração para outra, ao longo de mais de dois séculos. Cultura flexível, ajusta-se às mais variadas dimensões, entre o muito pequeno e o grande criador. Segundo um provérbio muçulmano, "é abençoada a casa onde houver uma cabra; e onde houver três cabras, aí, os anjos vivem em oração permanente".

OVINOCULTURA

A ovinocultura, já vitoriosamente presente na Bahia, pode ser sensivelmente amplificada, apesar de não ter a mesma expressão da caprinocultura. Espécie menos rústica do que os caprinos, a população de ovinos do Nordeste representa pouco mais de um terço do rebanho nacional. Entre as raças adaptadas ao ambiente brasileiro, o destaque vai para a Santa Inês que encontrou no território baiano a sua pátria.

De grande porte e deslanada, a santa inês resultou do cruzamento da morada nova com a bergamácia. Dentre outras raças, a Textil, originada do Paraguai, é um ovino de grande resistência que se adaptou ao ambiente baiano, como se vê em sua prosperidade no município de Jequié.

CAPÍTULO 6

FORRAGEIRAS

A identificação do potencial alimentício da diversificada flora do Semiárido se processou de modo empírico, a partir da manifesta preferência das alimárias aí deixadas a pastar. Entre as mais palatáveis e nutritivas, destacam-se as forrageiras angico de bezerro, a catingueira, a algaroba, a jurema preta, a faveleira, a sabiá, a mororó, o carquejo, o pau de casca, a quixabeira, a canafístula, o xique-xique, o turco, o cabelo de nego, o mandacaru, o amargoso, a cassutinga, a cunhã, a jetirana, o quebra-facão, a umburana, o umbuzeiro, a maniçoba, dentre outras. Os atributos de cada uma já são do conhecimento dos organismos técnicos regionais, devendo-se registrar, porém, que ainda há muito a pesquisar.

Graças ao fenômeno da fotossíntese, com o advento das chuvas, há uma explosão de vida, e a galharia seca e espaventosa do Semiárido, em poucos dias, cobre-se de um verde intenso e abundante, ensejando à fauna regional recuperar-se da escassez alimentar do estio, comendo à tripa forra e engordando a olhos vistos. A abundância de alimento verde é tamanha que dela a fauna não consegue aproveitar mais do que 10%, caindo o resto no chão, sob a forma de folhas secas, destinadas ao transporte pelo vento e ao carreio das futuras aguadas, correndo pelas bacias, valões, regatos e rios afora.

Na sociedade do conhecimento em que todos, queiramos ou não, estamos imersos, a pobreza nada mais é do que a expressão explícita e tangível da ignorância reinante. Basta comparar com o brasileiro o bem-estar de países ricos, como os europeus, não obstante pobres de recursos naturais. As abundantes riquezas do Brasil não se convertem em bem-estar para a totalidade do seu povo, em razão do precário estado educacional da parcela pobre de sua população. A grande quantidade de folhas secas que cobre o solo do Semiárido é, em essência, material ricamente fenado, apto a servir de poderoso alimento concentrado para consumo animal, cuja conversão se realiza através de métodos os mais simplificados. É, mais uma vez, uma das muitas formas da ignorância fazendo grandes estragos. É mais uma dimensão possível do Suplício de Tântalo, em que se morre de fome, ainda que cercado de alimentos abundantes, ao alcance das mãos e dos pés.

O racional aproveitamento desse rico manancial constitui poderoso meio de estabilizar a oferta de alimento aos rebanhos, ao longo dos períodos estivais.

CULTURA DA CARNAÚBA

A carnaubeira é uma palmeira autóctone ou nativa dos sertões nordestinos, que se desenvolve, preferencialmente, nos baixios, várzeas e margens de rios. Sua cultura é prototípica do uso sustentável dos recursos naturais, na medida em que não agride o meio ambiente, em qualquer das fases do processo, a exemplo da obtenção da palha, de grande valor como adubo orgânico, a partir da poda da palmeira, prática que tem, ainda, a vantagem de retardar o envelhecimento da planta. Depois da extração do pó que cobre as folhas, para o fabrico da cera, tendo a água como solvente, as palhas são secadas sob a luz do sol.

Entre os 15 tipos de carnaubeiras identificados em diferentes pontos da América do Sul, apenas a que brota no Semiárido é matéria-prima de uma cera de grande valor econômico, que desempenhou importante papel na pauta das exportações brasileiras, ao longo da Segunda Grande Guerra, quando alcançou sua maior cotação. Com a exportação de um quilo da cera compravam-se 15 arrobas de carne de boi! Explica-se a intensificação do seu extrativismo, que chegou a representar quase dois terços do valor produzido pelo setor primário, ao fim do conflito, uma média anual de quase 500 toneladas. A disputa feudal pela posse das áreas do vale do São Francisco, as preferidas pelos carnaubais, provocou grande derramamento de sangue. A produção da cera sintética, a partir da indústria petroquímica, fez desabar o valor da cera vegetal, agora restrita a usos domésticos, continuando os demais derivados da carnaubeira aplicados em atividades de baixa remuneração, como artesanatos exigentes de pouca arte, e construções rurais. As palhas, ricas em celulose e proteínas, continuaram servindo como a principal matéria-prima na produção de forrageiras, para consumo pecuário.

RECUPERANDO O VALOR

Décadas mais tarde, a cera da carnaúba retomou o curso de sua perdida valorização, passando a empregar, no início do terceiro milênio, mais de duzentas mil pessoas. Durante os seis meses da colheita do pó e produção da cera, entre julho e dezembro, estima-se que cerca de um milhão de pessoas, em graus variados, se ocupem com essas atividades, lideradas pelo Piauí, Ceará e Rio Grande do Norte, estados que avançam na montagem de secadores solares que melhoram o aproveitamento do pó, já dispondo, também, de dezenas de indústrias de resfriamento, aptas ao beneficiamento de 40.000 toneladas do produto. É verdade que ainda há muito por fazer no aprimoramento dos processos de industrialização da cera e de outros derivados da carnaubeira. A Bahia, que já foi grande produtor, quase nada produz, neste início de milênio, não obstante possuir extensos carnaubais ao longo do vale do São Francisco. Urge sair desse imobilismo, sobretudo porque se encontraram novos usos para a cera, como uma película protetora das frutas destinadas à exportação, ensejando a elevação do seu valor comercial na produção de cosméticos e artigos fitoterápicos, na informática, como isolantes de chips na fabricação de computadores e transistores, bem como na substituição do alumínio como revestimento de dutos petrolíferos. De acordo com o Instituto de Pesquisa Tecnológica de São Paulo, da carnaúba derivam 43 produtos.

No final do século XX, o Brasil exportava algo próximo a 20.000 toneladas/ano da cera. Enquanto a Bahia permanece inerte, diversos estados nordestinos avançam, não obstante as oscilações no nível da produção, por razões climáticas. Segundo a Fundação Centro de Pesquisas Econômicas e Sociais do Piauí (Cepro), a cera da carnaúba é o segundo produto de exportação do estado, superado, apenas, pela soja.

Esse tipo de carnaubeira está presente nos estados do Ceará, Rio Grande do Norte, Piauí e Bahia, e é dotado de caule retilíneo que alcança 20 metros de altura, usado como madeira de lei na construção civil. É a única a produzir cera, porque ela resulta do aquecimento de um pó que cobre as folhas como meio de proteger a planta contra a vertiginosa evaporação do Semiárido, o que não ocorre com os tipos que florescem em regiões úmidas, como o Pantanal e a Amazônia. Ela foi tornada conhecida pelo botânico alemão Carl Friedrich Philipp von Martius (1794-1868), em parceria com o zoólogo, também alemão, Johann Baptist von Spix (1791-1826), durante a expedição científica que empreendeu pelo Brasil, entre 1817 e 1820, aonde chegou como membro da comitiva da princesa Leopoldina que aqui veio para casar com d. Pedro I. Ambos, Von Martius e Von Spix, realizaram o maior levantamento fitobotânico de todos os tempos. Seu trabalho final é intitulado *Viagem pelo Brasil*. A obra total de Von Martius, morto aos 74 anos, enquanto Von Spix morreu aos 35, em decorrência de uma doença contraída no Brasil, foi sintetizada em 40 volumes, contendo mais de 22.000 espécies de plantas. Cientistas de várias nacionalidades colaboraram, ao longo de 66 anos, na conclusão do monumental levantamento que, além de botânica, incluiu pesquisas sobre etnografia, folclore e línguas nativas. Vinte anos, antes dos alemães, porém, o botânico paraibano Manoel de Arruda Câmara já anunciara a obtenção de uma cera extraída do aquecimento do pó oriundo das folhas secas da carnaubeira, produto que passou a ser comercializado a partir de 1856, com os experimentos do potiguar Manoel Antônio de Macedo, no interior do Piauí.

Impressionado pelas mil e uma utilidades da carnaubeira, o cientista Alexander von Humboldt disse que "a carnaúba é uma dessas árvores da vida" (*Le Carnauba est un de ces arbres de la vie*). Largamente utilizada numa variedade de produtos artesanais, como esteiras, redes, bolsas e chapéus, a fibra da carnaúba, feita com o pó que cobre as folhas, serve, também, para a cobertura de casas. O seu derivado, porém, de maior valor comercial é a cera, de largo uso na fabricação de isolantes, velas, produtos farmacológicos, material de polimento ou enceramento, filmes plásticos, impermeabilizantes, graxas, lacas, cartuxos, papel-carbono, tintas impressoras e vernizes.

Com a descoberta da cera sintética, como já dissemos, a carnaubeira ficou esquecida por 30 anos, a partir de quando se restaurou o processo de sua valorização, sobretudo, mediante seu uso como isolante no campo da informática e como selo protetor das frutas nobres de exportação, caracterizando-se, portanto, como valioso componente da economia do nosso Semiárido.

A Bahia reúne todas as condições para abiscoitar ponderável parcela do potencial de mais de duzentas mil toneladas/ano de produção da cera, com valor que ultrapassa os quinhentos milhões de dólares. A Embrapa e o Sebrae, mais uma vez, são o caminho.

CULTURA DO CAJU OU CAJUCULTURA
(*ANACARDIUM OCCIDENTALE*)

O cajueiro é uma planta tropical, nativa do Semiárido e de outras regiões do Brasil, descoberto pelo colonizador em meados do século XVI, que, desde logo, se impressionou com a volúpia com que os índios saboreavam os seus frutos, particularmente a polpa.

É cada vez mais evidente a necessidade de repensar o arcaico modelo da cadeia produtiva da cajucultura brasileira ainda utilizado. A atividade precisa ser mais competitiva, visando maior rentabilidade, principalmente para o produtor rural. É coisa para ser levada a sério, desafio nestes tempos dominados pela síndrome da mais abjeta e generalizada corrupção. Com uma área plantada superior a 800 mil hectares, a Região Nordeste responde por mais de 95% da produção nacional, sendo os principais produtores os estados do Ceará, Piauí, Rio Grande do Norte e Bahia.

Adaptável a qualquer ambiente, o cajueiro prefere os solos arenosos, entre planos e ondulados, com chuvas de 700mm para cima. A Embrapa possui e disponibiliza o máximo de informações técnicas sobre a cultura do cajueiro. O Sebrae assessora na organização das iniciativas produtoras. O Pronaf – Programa Nacional de Agricultura Familiar –, financia os projetos. Diferentemente do que se supõe, o fruto do cajueiro é a castanha, universalmente consumida, e não o pedúnculo ou pseudofruto, um corpo piriforme, amarelo, rosado ou vermelho, muito oloroso e riquíssimo em vitaminas, tão apreciado em diferentes modos de consumo, como sucos, refrigerantes, vinhos, licores, cajuínas, geleias, cristalizados, ameixas, sorvetes e compotas. Do bagaço fibroso do caju, rico em aminoácidos, vitaminas e ferro, misturado com temperos, faz-se a conhecida carne de caju. Enquanto o verdadeiro fruto, a castanha, representa, apenas, 10% do peso total, o pedúnculo, ou falso fruto, corresponde a 90%.

Na língua tupi, *acaiu* significa noz cultivada. Na tradição oral das populações autóctones, porém, *acayu* ou *aca-iu* é uma referência ao transcurso de um ano, tendo em vista que os índios mediam o tempo pela ocorrência de cada safra ou floração. Muito antes da chegada dos europeus, o caju já figurava como um dos mais importantes alimentos dos nativos. Os tremembés faziam do caju fermentado uma bebida chamada mocororó para ser servida numa cerimônia religiosa denominada Torém. A amêndoa da castanha de caju é rica em fibras, proteínas, minerais (magnésio, ferro, cobre e zinco), vitamina K, vitamina PP, complexo B (menos a vitamina B12), carboidratos, fósforo, sódio e vários tipos de aminoácidos. Registre-se, porém, que a castanha de caju não é rica em vitamina A, vitamina D e cálcio. Acredita-se, no entanto, que contribua no combate às doenças do coração. É dotada de uma casca dupla que contém a toxina urushiol, um alergênico que irrita a pele. Recomenda-se, por isso, que a castanha tenha sua casca removida através de um processo que evita dolorosas rachaduras nas mãos. A castanha também possui ácido anacárdico, potente contra bactérias gram-positivas como *Staphylococcus aureus* e *Streptococcus mutans*, que provocam cáries dentárias. O Líquido da Castanha de Caju ou LCC, depois de beneficiado, é utilizado em resinas, materiais de fricção, em lonas de freio e outros derivados, como vernizes, detergentes industriais, inseticidas, fungicidas e biodiesel.

A mais antiga descrição do fruto é do frade franciscano francês, André Thevet, em 1558, comparando-o a um ovo de pata. Maurício de Nassau decretou a proteção dos cajueiros e mandou para as mais requintadas mesas da nobreza europeia seus doces em compotas. Do Brasil, o caju foi levado pelos portugueses para a África e Ásia, onde passou a ser intensamente cultivado. A castanha de caju é hoje um produto das regiões de clima quente e úmido, presente em mais de 31 países, cobrindo uma área total de cultivo de 54.570 km², com uma produtividade média de 814.kg/hectare. Segundo a FAO, a produção anual, em 2006, foi superior a três milhões de toneladas.

O terreno para o plantio deve ser fértil e de textura média, profundo, com pelo menos dois metros de terra, ligeiramente inclinado para evitar a erosão e não empoçar. Na seleção das sementes, devem ser descartadas as que boiarem, quando postas na água. Elas têm um poder germinativo de até 12 meses quando estocadas em sacos de pano ou de papel. O plantio deve ser feito no começo da estação chuvosa. Antes de replantar a muda, deve-se verificar se possui um mínimo de seis folhas maduras e saudáveis.

EXPORTAÇÃO

A produção de amêndoa de castanha de caju, no Brasil, destina-se, predominantemente, ao mercado externo, gerando, nos últimos anos, divisas da ordem de 200 milhões de dólares anuais, sendo os Estados Unidos e o Canadá os principais consumidores, destino de 85% das exportações. Argentina, Japão, Austrália, Inglaterra, Holanda e Alemanha vêm, em seguida. Há, ainda, imensas possibilidades de crescimento das exportações, quando se sabe que o agronegócio do caju movimenta, atualmente, cerca de 2,4 bilhões de dólares por ano, sobretudo com a retomada do crescimento pelos Estados Unidos, carro-chefe da economia mundial, depois do período recessivo, iniciado em setembro de 2008, coincidindo com nossa incessante produtividade, proporcionada pela adoção de modernas técnicas extrativistas. Enquanto, na década de 1960, extraía-se, apenas, uma tonelada de amêndoa em 23 de castanha, esse índice melhorou na década seguinte, com a extração de uma tonelada de amêndoa, para seis de castanha, alcançando, em 2015, uma tonelada de amêndoa para algo entre 3 e 4 toneladas de castanha. Sem dúvida, uma espetacular elevação da produtividade!

O Brasil, tendo a Indonésia em seu encalço, é o 4º maior produtor mundial, abaixo do Vietnã, Nigéria e Índia, no ano de 2017. No mercado internacional de amêndoa – que é a castanha de caju beneficiada –, a Índia e o Vietnã são, também, os maiores concorrentes do Brasil. Nos trinta anos transcorridos entre 1975 e 2005, a produção nordestina de castanha aumentou de 100 para 250 mil toneladas/ano. Uma das vantagens do produto reside em sua grande durabilidade, não estando sujeito aos riscos de deterioração rápida, como ocorre com ponderável parcela dos comestíveis. O valor da amêndoa, no mercado internacional, nos anos compreendidos entre 2010 e 2015, oscilou cerca de 10%, entre US$4.367,00 e US$4.813,00 por tonelada. Os maiores exportadores mundiais de amêndoa de castanha de caju (ACC) são Índia, Vietnã e Brasil.

Os dados históricos apontam que até meados da década de 1980 o Brasil disputava o 1º e 2º lugares com a Índia. Nos últimos anos, a produção brasileira de castanha de caju, *in natura*, vem sendo ultrapassada, principalmente, pelos países africanos.

O Quadro, a seguir, demonstra a participação dos dez maiores produtores mundiais de castanha de caju *in natura*, em toneladas, além do Brasil, com base nos dados divulgados pela FAO, relativos ao ano de 2013:

1. Vietnã 1.110.800
2. Nigéria 950.000
3. Índia 753.000
4. Costa do Marfim 450.000
5. Benim 180.000
6. Filipinas 146.289
7. Guiné-Bissau 138.195
8. Tanzânia 127.947
9. Indonésia 117.400
10. Burkina Faso 115.000

IMPORTÂNCIA DA CAJUCULTURA

Para que se tenha uma ideia da importância social da cultura do caju no Brasil, a par de sua significação econômica, essa atividade, intensiva de mão de obra, gerou, no início da segunda década do terceiro milênio, cerca de 50 mil empregos diretos, 35 mil na zona rural e 15 mil na indústria, e 250 mil indiretos, distribuídos no campo e na atividade industrial. Para a cajucultura do Semiárido, a importância social é ainda maior, na medida em que a maioria desses empregos é gerada na entressafra das demais culturas, como milho, feijão e algodão, contribuindo de modo decisivo para fixar o homem em sua terra, abortando o indesejável êxodo rural.

Segundo a Conab (Companhia Nacional de Abastecimento), na safra de 2014, os produtores, nos diferentes estados, obtiveram lucros que variaram entre um mínimo de 10%

a um máximo de 21,7%, sobre o total das vendas, muito mais, portanto, do que os auferidos, tradicionalmente, pela dominante e tradicional pecuária bovina. A mais disso, os produtos derivados do caju apresentam grande importância nutricional, com sua variada riqueza vitamínica. Não foi à toa que Josué de Castro, no clássico *Geografia da fome*, teceu merecidas loas, cantando, em prosa e verso, as múltiplas virtudes do cajueiro e seus derivados. Apenas 100g do produto contêm a necessidade diária de calorias de um adulto.

Apesar de sua grande importância socioeconômica, a cajucultura nordestina vive uma fase crítica, ocasionada pela queda de produtividade, decorrente do modelo de exploração extrativista. A inobservância de elevados padrões exploratórios tem comprometido a produtividade, resultando numa colheita muito baixa, da ordem de 220 kg/ha, quando se pode alcançar uma produção de castanha superior a 3.000 kg por hectare. Em ambientes mais chuvosos do que o Semiárido, essa produção, com o caju anão precoce, irrigado, pode chegar a 5.000 quilos por ha, de castanha, e 45.000 quilos de pedúnculo. Com vida média de 30 anos, e capacidade produtiva a partir do segundo ano, o caju anão é altamente promissor.

Em nossa realidade ambiental, chega-se, sem traumas, a uma produção da ordem de 1.200 quilos de castanha e 10.000 de pedúnculo, por hectare. Por uma combinação de ineficácia e desmazelo, é mínimo, algo em torno de 15%, o percentual da polpa economicamente aproveitado, de modo industrialmente inteligente, quando a moderna fruticultura possibilita o aproveitamento de até 50% do caju de mesa, (pedúnculo, a ser consumido em estado natural) cujo mercado interno é crescente, sobretudo no Centro-Sul.

Uma questão relevante a ser resolvida na cajucultura, em particular, como nas demais culturas da região, em geral, diz respeito à participação nos resultados pelo trabalhador rural, contratado como empregado. Ele, o trabalhador rural, base de sustentação do processo, fica com muito pouco do lucro gerado pela cultura. Para valorizar essa mão de obra, é necessário criar condições para que o trabalhador e sua família possam operar como pequenos produtores. Caso contrário, o desânimo instalado estimula a indesejável migração para grandes centros, com o cortejo de consequências negativas, tão bem conhecidas.

É uma pena que o MST, pela ação nefasta de marginais guindados a líderes, se tenha transformado numa malta de invasores de propriedades produtivas e urbanas, com o propósito de achacar os seus proprietários, quando há um oceano de possibilidades para o aproveitamento inteligente e produtivo do Semiárido. A omissão conivente de governos bolivarianos e o foco em obras faraônicas de grande valor concentrado, proporcionando gordas propinas, fazem o resto.

REDUÇÃO DO DESPERDÍCIO

O que se aproveita do desperdício, esparramado pelo chão, até dois dias depois da queda, vem sendo crescentemente transformado em excelente ração para os rebanhos. A colheita do caju se processa em um espaço de tempo muito curto, para que possa ser aproveitado para consumo humano. Como o contato do fruto com o solo afeta a qualidade do produto, recomenda-se o uso de redes para eliminar os estragos produzidos pela queda. Além disso, extrai-se da casca da castanha, por prensagem mecânica ou extração química, por solvente, o LCC, produto utilizado na produção de polímeros, valiosa matéria-prima da indústria química, na fabricação de vernizes e isolantes.

MINIUSINAS

Há módulos de processamento de castanha de caju, denominados de minifábricas, que foram desenvolvidos pela Embrapa, com o propósito de preservar, através de processamentos em pequena escala, os atributos do sabor, cor e odor, apresentando um índice de 85% de amêndoas inteiras, em média. Essa prática é considerada, desde 2003, uma tecnologia social, tendo vencido o Prêmio Tecnologia Social da Fundação Banco do Brasil – FBB, que realiza, em parceria com o Sebrae, a Embrapa e a organização Unitrabalho, o Projeto de Minifábricas de Castanha de Caju em vários estados, inclusive na Bahia. Social, porque a atividade enseja seu exercício por famílias de baixa escolaridade e renda. Depois de extraídos a amêndoa e o LCC, o bagaço da castanha é matéria-prima para uma torta altamente calórica. Pesquisam-se novos derivados, como um potente protetor solar.

O bagaço do caju, que é o resíduo derivado da fabricação da cajuína, pode ser uma alternativa de fonte natural para o mercado de corantes alimentícios. Esse rebotalho é rico em carotenoides como a luteína e o betacaroteno, substâncias que dão cor à fruta, abundantes, sobretudo, no Semiárido. A Embrapa pesquisa sobre a extração do bagaço e dos pigmentos, que apresentam uma variação de matizes, do amarelo-claro ao alaranjado.

As diferentes variedades do cajueiro pertencem à mesma família dos umbuzeiros. A liderança do seu cultivo cabe aos estados do Piauí, Rio Grande do Norte e Ceará, que vêm desenvolvendo técnicas que elevam a produtividade, acelerando sua precocidade. Nos 800.000 hectares cultivados nesses três estados, colhem-se 250.000 toneladas de castanha que correspondem a US$ 200 milhões de dólares anuais. O pedúnculo do cajueiro, ainda pouco aproveitado, oferece amplas possibilidades industriais, para os seus vários derivados, cerca de uma dúzia. A Bahia, sozinha, tem potencial para triplicar a atual produção nordestina da apreciadíssima castanha de caju.

CONCLUSÃO

Pelo menos 10% do Semiárido baiano, cerca de 35 mil km², podem ser aproveitados para a cultura do caju, assegurando renda e paz social para os habitantes da região mais pobre da Bahia e do Brasil.

CULTURA DO UMBU

O umbuzeiro ou imbuzeiro, *Spondias tuberosa*, é uma planta da família das anacardiáceas, que compreendem 500 espécies. Ele é autóctone do Nordeste brasileiro, não sendo encontrado em outra qualquer parte do mundo. Medindo até seis metros de altura, sua larga copa pode alcançar 15 metros de raio. Símbolo de resistência, o umbuzeiro vive mais ou menos 100 anos, em média, podendo chegar a 200 e 300 anos! Por essas e outras, disse Euclides da Cunha, em

Os sertões, que "o umbuzeiro é árvore sagrada, dominando a flora sertaneja, ...desafiando as secas duradouras". Sem dúvida, floresce um caso de amor entre o umbuzeiro e quem o procura, como alimento ou sombra.

Além do papel benfazejo que, historicamente, tem desempenhado em favor do sertanejo, dando-lhe alimento e água, ao longo de três meses, em média, durante as secas, além de sombra remançosa o ano inteiro, o umbuzeiro é dotado de considerável potencial econômico, conforme estudos já realizados pela Embrapa, com o apoio de algumas secretarias de Agricultura da Região Nordestina. A Bahia, estado detentor da maior porção do Semiárido, lidera o esforço regional pelo aproveitamento de mais essa promissora cultura autóctone. Os estudiosos consideram o umbuzeiro, ao lado do caroá, o exemplo máximo de adaptação ambiental, entre todas as espécies da vegetação xerófila brasileira. Afinal de contas, trata-se de uma adaptação que se realizou ao longo de milhões de anos. Seu desenvolvimento se processa em harmônica associação com os diferentes irmãos fitológicos. Nele, tudo é aproveitável, seja como alimento, animal e humano, antes, durante e depois do período de frutificação, seja como boa forragem para pecuária de qualquer tipo; é conversível em umbuzada, doces, geleias e cervejas, como os produzidos pela Coopercuc – Cooperativa Agropecuária Familiar de Canudos, Uauá e Curaçá – BA, já mencionada; é fonte de água potável e sombra para repouso e românticos encontros de amor. Segundo estudos realizados pela professora Carmélia Régis, do município de Campo Formoso, na Bahia, em 1959, do umbu e do umbuzeiro se extraem nada menos do que 50 derivados. Além dos já mencionados, acrescentem-se: vinagre, cachaça, acetona, xarope, gelatina, licor, cocada, farinha – das raízes ou xilopódios e das sementes –, dentre outros. Seu saboroso fruto, o umbu ou imbu, rico em vitaminas C, A e B, nessa ordem, muito apreciado, pesando entre 15 e 40 gramas e medindo entre 3 e 4 centímetros de diâmetro, enche as feiras das cidades nordestinas, no período chuvoso. Seu consumo combate doenças provocadas pela subnutrição, como anemia e escorbuto. O nome umbu ou imbu é uma corruptela da palavra tupi ou kariri, *y-mb-u*, que significa "árvore-que-dá-de-beber". No verão de 2016, como já dissemos, o preço do umbu alcançou mais de dez dólares, o quilo, nas feiras do Sudeste brasileiro. Como em praticamente tudo relacionado à agropecuária brasileira, são da lavra de técnicos da Embrapa os mais avançados estudos sobre o aproveitamento dessa festejada anacardiácea de frutos drupáceos. Nos três anos compreendidos entre 1995 e 1997, técnicos da Embrapa percorreram 25.000km de sete estados nordestinos, inclusive a Bahia, para levantar o potencial econômico dessa fruteira autóctone do Semiárido. O laborioso estudo compreendeu a contagem média de frutos por árvore, seu peso e diâmetro, peso da polpa, espessura do caule, diâmetro da copa e altura da árvore, extensão, profundidade e volume das raízes, e densidade foliar. As folhas do umbuzeiro, de sabor levemente azedo, e de reconhecido valor nutritivo, alimentam a vida animal, inclusive a humana. A raiz do umbuzeiro se desenvolve horizontalmente, sob a forma de ramificações tuberosas denominadas de xilopódios, que são tubérculos lenhosos, intumescências com diferentes e irregulares formatos, que armazenam grande quantidade de água e de nutrientes, como amido e sais minerais. Não raro, o peso das raízes atinge entre duas e três toneladas. A boa técnica preservacionista manda extrair um quinto dessas raízes, por ano. A exploração racional das raízes constitui a dimensão mais lucrativa entre as várias proporcionadas pela cultura do umbuzeiro, figurando a produção de picles como a mais apreciada. Importa recordar que todas as frutas cultivadas, sem uma exceção, sequer, um dia foram silvestres. No Brasil, por exemplo, maçãs, uvas, peras e pêssegos são culturas regulares recentes. O "Quadrilátero Árido do Vale", denominação dada por Salomão Serebrenick a 140.000km^2 do território baiano, área compreendida nos 600 km entre as cidades de Barra do Rio Grande e Paulo Afonso, com largura média ligeiramente superior a 230km, oferece condições ideais para a cultura do umbuzeiro, pela sua qualidade e produtividade. Com o desenvolvimento das técnicas de clonagem, a idade a partir da qual o umbuzeiro começa a produzir cai de dez para quatro anos. Um ganho e tanto.

O umbu é composto de 68% de polpa, 22% de casca e de 10% de caroço. Polpa e casca, somados, perfazem 90% do fruto. Não obstante a necessidade, ainda, de estudos mais aprofundados, como a produção de clones de maior produtividade, a cultura do umbuzeiro vem ganhando significado como fonte de renda para as populações nativas, com o beneficiamento do fruto e de seus derivados, em minifábricas do sertão baiano, líder nacional na cultura do umbuzeiro e colheita de seus derivados. O congelamento da polpa do umbu tem ensejado o crescimento da comercialização do produto.

Como acontece com qualquer cultura, o umbuzeiro tem inimigos, alguns trazidos por ações antrópicas. Importa conhecê-los, para combatê-los. Por outro lado, a mera observação do umbuzeiro, em seu estado natural, revela que o Semiárido é excepcionalmente vocacionado para a sua cultura, sem a necessidade de recorrer-se a expedientes artificiais. Mãe natureza se encarregou de fazer do umbuzeiro uma dádiva do Semiárido, a exemplo do que fez com várias culturas distribuídas por diferentes regiões do globo.

CAPÍTULO 7

FIBRAS VEGETAIS

Como ensina Antonio Silvio Hendges, "As fibras são componentes estruturais das plantas, utilizados desde a pré-história para diversas atividades. Em todas as épocas e culturas, as fibras vegetais foram úteis em trançados, fixação, vestuários, adornos, cordoaria, alimentos e outros usos econômicos, culturais e arquitetônicos, fundamentais ao desenvolvimento das relações sociais e econômicas internas e externas entre povos e culturas. Os barcos de juta dos egípcios e os quipos (forma de comunicação "escrita" de alguns povos pré-colombianos, nós codificados em cordas de fibras vegetais) certamente foram fundamentais para estas civilizações."

No mundo moderno, mesmo depois do advento dos fios sintéticos, as fibras vegetais continuam sendo aplicadas em produtos industriais e comerciais, de intenso uso em atividades rotineiras de grande importância para a vida humana e animal, como na construção civil, na confecção de peças do vestuário, na fabricação de cosméticos, na indústria automobilística e muitas outras. Como se depreende, facilmente, as características dominantes nas fibras vegetais possibilitam sua utilização para fins que requerem tecidos fortes e flexíveis.

Ao longo dos trinta anos compreendidos entre 1920 e 1950, a fibra do caroá foi o maior sustentáculo da economia nordestina. O sisal, por sua vez, gerou muita riqueza na região mais árida do estado da Bahia. O algodão não ficou atrás. Apesar do declínio da importância do seu cultivo na região, inclusive na Bahia, essas fibras têm tudo para ver restaurada sua marcante significação econômica ao longo do século XIX e primeira metade do XX, quando, mesmo exploradas sob o rudimentar sistema extrativista, foram geratrizes de muita riqueza. As avançadas tecnologias, hoje disponíveis, proporcionam eficazes ciclos de produção, com elevada produtividade, sem maiores impactos ambientais.

O CAROÁ

Fibra autóctone do Semiárido, o caroá, planta saxátil (nasce entre as pedras), própria dos solos pedregosos, rasos e pobres, rústica e perene, exprime, consoante Euclides da Cunha, "a flora caprichosa na plenitude do estio". A extração das fibras pode se processar ao longo de todo o ano, independentemente da intensidade dos ciclos estivais. A água que escorre da planta e se acumula na roseta central é protegida contra a radiação solar e a evaporação. Nas suas três variedades – amarela, rajada e branca –, as fibras do caroá medem entre 2 e 3 metros de comprimento. As brancas são as mais valorizadas por sua sedosidade e fina espessura. O apogeu do caroá foi alcançado na produção de tecidos, sacarias e sacolas, tapetes, bolsas, aiós, mantas, redes, chapéus, celulose, cordas e barbantes. Os finos tecidos feitos com a fibra do caroá vestiram a burguesia brasileira, durante e até pouco depois da Segunda Grande Guerra, inclusive o presidente Vargas. O farelo obtido da parte verde que cobre as folhas é usado como excelente forrageira pelo gado bovino. Um hectare da planta produz, em média, 2 toneladas de fibra seca, por ano, números que podem subir para até 3,5 toneladas, em culturas tecnicamente bem exploradas. A fibra seca corresponde a 5% das folhas verdes. Além de sua elevada produtividade, do caroá resulta a mais resistente de todas as fibras vegetais, quase o dobro do linho brasileiro e da juta, e quatro vezes mais resistente do que o sisal. A mais disso, é de 60% sua conversão em celulose. Outras fibras vegetais que integram a família das bromélias, como o gravatá, o abacaxi e a macambira, apesar de muito fibrosas, nunca passaram de exploração para uso, apenas, doméstico. No Brasil, país do desperdício, essas fibras deixam de ser exploradas como excelente matéria-prima no fabrico de tecidos e de papel de fina qualidade.

CRISE DO CAROÁ

O advento do náilon sintético, em 1950, levou a nocaute o valor comercial do caroá, fechando todo o parque fabril e lançando ao depósito de coisas inúteis os milhares de máquinas desfibradoras que processavam dezenas de toneladas, diariamente. Escrevia-se mais um capítulo doloroso na história de sofrimentos inenarráveis das populações pobres do Nordeste. Quando, dez anos mais tarde, os preços dos tecidos importados subiram a ponto de viabilizar os produtos nativos, derivados das fibras do caroá, a estrutura industrial já se encontrava inteiramente destruída, incapaz de aproveitar o novo momento.

Os primeiros estudos sobre a fibra constam do livro *Dissertação sobre as plantas do Brasil* e foram realizados pelo naturalista paraibano Manoel de Arruda Câmara (1752-1810), dotado de formação acadêmica – obtida em Portugal e na França –, a pedido do príncipe regente d. João VI, tão logo de sua chegada ao Brasil. Foi o derradeiro trabalho de pesquisa do notável e esquecido cientista brasileiro. Já no século XX, o padre jesuíta português, Camille Torrend (1875-1961), considerado o maior botânico em atividade na América do Sul, deu sequência a esses estudos, sobretudo, no estado da Bahia, onde ministrou aulas de biologia. Desde então, as experiências e os estudos sobre as fibras do caroá abundam, atestando o seu extraordinário potencial de aproveitamento econômico.

CONCLUSÃO

Tinha razão o dr. Pereira Pacheco, delegado do Ministério da Cultura no estado da Paraíba, ao sustentar, em conferência proferida em 1908: "No dia em que a indústria têxtil penetrar nos nossos sertões e puder explorar todas as suas fibras, desse dia em diante surgirá para esta terra uma época de fortuna e bonança." O caroá que se adapta em 70% do território baiano constitui poderoso instrumento de promoção econômica e social de sua região mais pobre. Desgraçadamente, segundo relatório do Ministério da Agricultura, a presença do caroá no Semiárido caiu de 27 milhões de hectares, em 1942, para, apenas, 5 milhões, na primeira década do terceiro milênio. Com toda a redução sofrida, ainda tem considerável potencial para gerar riqueza. Para efeito de comparação, com, apenas, cinco milhões de hectares plantados de cana, o Brasil liderou a produção e exportação mundial de açúcar, álcool e aguardente.

COTONICULTURA

Segundo o erudito potiguar, Câmara Cascudo (1898-1986), a cultura do algodão, no Nordeste, foi uma das mais importantes, nos 40 anos entre 1778 e 1818. Por sua vez, o político pernambucano Eloy de Souza (1873-1959) sustentou, em 1938: "Não conheço lavoura tão sóbria de água como o algodão, e por isso deve merecer proteção dos poderes públicos deste país, dotado de uma vastíssima região crestada pelas secas periódicas e onde esta lavoura se adapta admiravelmente bem."

Na verdade, a civilização nordestina do algodão ocupou os dois séculos compreendidos entre os anos de 1740 e 1940, quando Pernambuco foi grande exportador, não se acreditando que venha a ser restaurada com o brilho d'antanho, em razão do grande polo cotonicultor desenvolvido nos estados de Goiás e os dois Mato Grosso. Tanto que, em 1930, graças à procura do produto por grandes empresas consumidoras, o Nordeste respondia por 90% da produção nacional do chamado "ouro branco", sendo a mocó a variedade preferida, desenvolvida no Seridó, cuja árvore, além de perene, produz fibra longa e macia, como a *"sea island"*, a mais famosa das fibras, com capulhos bem conformados e dotada de maior quantidade de plumas, por unidade, do que outra variedade qualquer. A mais disso, o algodão mocó possui variedades precoces que aumentam sua produtividade. O algodoeiro vive, em média, entre 15 e 20 anos, podendo produzir dez quilos de pluma por safra. Sua raiz axonomorfa (cresce para baixo), pivotante, vai além dos oito metros de fundura em busca de umidade. A variedade mocó já começa a produzir a partir do segundo ano.

DELMIRO GOUVEIA

Na segunda década do século XX, o empresário cearense Delmiro Gouveia, morto aos 54 anos (1863-1917), um dos pioneiros da industrialização brasileira, fundou uma importante indústria de linhas de costura, a Cia. Agro Fabril Mercantil, em 1914, no estado de Alagoas, apoiada numa vila operária padrão, consoante o avançado espírito humanístico do empreendedor. Sua indústria adquiria quase toda a produção regional de algodão, exportando o produto final para o Centro-Sul do país e para o exterior. As casas eram dotadas de água encanada, energia elétrica, larga varanda, à frente, e de quatro cômodos, no estilo das construções italianas. Quem jogasse lixo nas ruas seria multado. Não se podiam consumir bebidas alcoólicas, nem andar armado. Os familiares e os 600 operários uniformizados recebiam assistência médica, escolaridade, jornal, além de disporem de serviço local de telefonia. Um ano antes, em 1913, Delmiro implantou a hidrelétrica, denominada Angiquinho, a segunda, no Brasil, depois da Usina Hidrelétrica de Marmelos, em Minas Gerais. O empreendimento, ricamente dotado de energia elétrica, prosperava a olhos vistos, quando Delmiro foi assassinado em 10 de outubro de 1917, crime atribuído a concorrentes europeus instalados na região. Decadente, a empresa terminou sendo vendida à concorrente britânica, a Machine Cottons, em 1929. Desde então, surgiram outras usinas, como Paulo Afonso I, II, III e IV, Sobradinho, Xingó e Três Marias. Com a instalação dessas usinas hidrelétricas, regularizou-se a vazão mínima do rio, possibilitando melhor aproveitamento, durante a estiagem, do desperdício natural de água no período das cheias.

ORIGEM

A origem do algodão mocó continua sendo objeto de dúvida. O sertão de Pernambuco e o Egito disputam a primazia do berço. Para nós, interessa saber que o algodão mocó encontrou sua pátria nos sertões do Seridó, uma região interestadual que se derrama por 54 municípios dos estados do Rio Grande do Norte e da Paraíba. Segundo Câmara Cascudo, o topônimo seridó é palavra de origem tapuia, significando "pouca folhagem e pouca sombra", uma sintética descrição do ambiente regional. Há, porém, quem argumente que a palavra deriva do hebraico, *sarid* ou *serid*, língua dos colonizadores cristãos novos, descendentes de judeus, significando "sobrevivente" ou "aquele que escapou", conceito que, também, se aplica à perfeição aos que sobrevivem nos pagos semiáridos.

Pesquisas da Embrapa, originalmente desenvolvidas na Paraíba, chegaram ao algodão colorido, de quatro cores, de excelente valor comercial. Da Paraíba, a cultura do algodão colorido passou para Pernambuco e vários estados do Centro-Sul e do Oeste brasileiro.

Diversamente dos desastres ecológicos sucedidos na Rússia e em países africanos, em razão do represamento de grandes rios, para permitir a irrigação de suas culturas algodoeiras, parece que o Semiárido foi vagarosamente elaborado, ao longo de milênios, por mãe natura, para fazer da cotonicultura uma de suas atividades ideais.

CONCLUSÃO

A Bahia pode fazer da cultura do algodão uma importante vertente de sua dimensão econômica, com os mais duradouros e estáveis benefícios para as populações de todas as escalas sociais.

SISAL

O sisal é o principal produto agroindustrial do Semiárido baiano, em razão de seu caráter autóctone, fator responsável por sua completa adaptação ambiental. Na contramão da queda da produção, registram-se perspectivas que apontam para o crescimento da demanda. O sisal, como o caroá, produz fibras muito resistentes.

A área do território baiano que, majoritariamente, abriga a cultura sisaleira – ao lado de outros estados nordestinos, em caráter secundário – com uma urbanização da ordem de 37%, integra o Brasil Sem Miséria, com um IDH de 60%. A população regional é estimada em 1,5 milhões de pessoas, distribuídas em uma centena de municípios. O cultivo se processa através de pequenos produtores, em áreas de até 15ha, consoante a disponibilidade de mão de obra familiar, segundo levantamento feito pela Embrapa, em 2006. A mão de obra adicional, no período de maior intensidade de trabalho, como nas fases de desfibramento no "motor" e beneficiamento nas "batedeiras", é recrutada entre os moradores rurais da região. No total, empregam-se cerca de 700 mil pessoas, para atender a demanda de 35 mil "produtores", ainda segundo a Embrapa, sendo o setor industrial sisaleiro o segmento que mais contrata mão de obra. As péssimas condições de trabalho tornam o sisal conhecido como uma lavoura de escravos. A crescente demanda por produtos naturais, porém, em substituição aos derivados fósseis, confere à cultura do sisal promissoras expectativas.

A península do Yucatan, no México, pátria dos maias, é considerada a terra mãe do sisal, de onde se espraiou mundo afora. A Bahia foi a porta do Brasil por onde o sisal entrou, em 1903, trazido pelas mãos do comendador Horácio Urpia Júnior (1842-1916), um intelectual, empresário e aristocrata baiano que cursou as melhores universidades europeias. Parte do seu marcante legado foi a fundação das salinas da Margarida, na baía de Todos os Santos, ao lado do comendador Manuel de Souza Campos a quem o intenso reflexo dos raios solares sobre o sal branco deixou quase cego.

Horácio Urpia iniciou a cultura do sisal – *Agave rigida sisalana* – na fazenda Porto do Meio, no município de Maragogipe, onde construiu moderna usina, para o suprimento de cordas, com equipamentos importados da Europa e dos Estados Unidos. Foram grandes o êxito e o impacto daquela unidade industrial sobre o ambiente econômico brasileiro. O prestígio do comendador fez dele uma espécie de embaixador do Nordeste junto à União. Uma curiosidade histórica: quando irrompeu a Primeira Grande Guerra, em 1º de agosto de 1914, o comendador Horácio Urpia encontrava-se na

Alemanha, aonde fora em busca da cura de um câncer. Deixou o hospital e, imiscuído na soldadesca, chegou, de trem, à Suíça, através da Basileia. Seu precoce e involuntário regresso ao Brasil, interrompendo a cura, leva-lo-ia à morte em 1916, no Solar dos Urpia, à ladeira do Rio de São Pedro (atual avenida Euclides da Cunha),onde se ergueu o Edifício Comendador Horácio Urpia, construído por iniciativa do seu neto Arnold Wildberger.

A expansão econômica do sisal, iniciada na década de 1930, tornando o Brasil o maior produtor mundial da fibra, atingiu seu ápice, nas décadas de 1950-1960, criando grande riqueza concentrada em alguns municípios baianos, localizados na região, desde então, denominada de sisaleira, tendo o município de Serrinha como epicentro. Sob a liderança destacada da Bahia, seguiam-se, secundariamente, os estados da Paraíba, de Pernambuco, Ceará e Piauí como produtores da fibra. Desgraçadamente, mercê do baixo nível de escolaridade das populações mais pobres, a riqueza criada pelo *boom* do sisal ficou concentrada nas mãos de poucos. A baixa renda gerada na cadeia produtiva e as imperfeições de mercado impactam, negativamente, os agricultores, familiares e os trabalhadores rurais ligados à cultura da fibra.

A exemplo do ocorrido com todas as fibras vegetais, o advento do náilon e de outros fios sintéticos nocauteou o sisal, respondendo a Bahia, no alvorecer do terceiro milênio, por 95% da produção nacional, utilizada como matéria-prima, pela Apaeb, uma importante associação de pequenos produtores, na manufatura e artesanato de tapetes, estofados e cordas para exportação e consumo interno. Para que se tenha uma ideia do baque sofrido pelos produtores, com a chegada dos fios sintéticos, nos vinte anos transcorridos entre 1975 e 1995, a produção brasileira de fibras de sisal caiu de 315.000 toneladas para 116.000, representando uma redução de quase dois terços! Dados da FAO indicam que o Brasil respondeu, em 2009, por cerca de 50% da produção mundial. Batemos no piso, em 2010, com, apenas, 60 mil t. Em 2011, recuperamo-nos, com uma produção de 111 mil t, em que a Bahia participou com 95,8% do total da produção nacional. Cerca de 100 países compram o sisal brasileiro, sendo a China o maior importador, seguida de Portugal. De produtos acabados, como cabos, cordas e cordéis, os Estados Unidos são os maiores adquirentes, seguidos da Alemanha, Argentina, Dinamarca, Holanda e Rússia. Se a Bahia mantiver um grupo de trabalho, escolhido por critérios meritocráticos, e não por critérios eleitoreiros, dedicado a assessorar o sistema produtivo do sisal e seus derivados, temos tudo para dar estabilidade crescente ao valor das exportações.

Dos 74 municípios baianos que ainda cultivam o sisal, 36 gravitam em torno de Valente, com área plantada de cerca de 120.000ha. Os líderes de produção, além de Valente, são os municípios de Conceição do Coité, Santa Luz, São Domingos, Queimadas, Campo Formoso, Ourolândia e Serrinha. Os municípios, comprovadamente aptos para o cultivo do sisal, se distribuem pelo Nordeste do estado, na Chapada Diamantina e no vale do Paraguaçu, cobrindo 70% de todo o território estadual.

O tradicional desperdício que historicamente caracteriza a sociedade brasileira também está presente na cultura do sisal. Em razão de métodos, ainda rudimentares, é de, apenas, 4% de fibra seca o que se aproveita das folhas originalmente verdes. Ou seja: 40 quilos, em uma tonelada. Os 96% do peso das folhas, descartados como rebotalho, são ricos em cortisona, celulose e outras matérias-primas para a produção de acetona e álcool, além de forrageira de boa qualidade para a pecuária regional.

NOVAS POSSIBILIDADES E PERSPECTIVAS

Na esteira dos estudos liderados pelo professor Lopes Leão, a partir de 1990, as fibras naturais começaram a ser estudadas em escalas de centímetros e milímetros. Testadas em escala nanométrica – a bilionésima parte do metro –, os pesquisadores concluíram que as fibras vegetais apresentam resistência similar às de carbono e de vidro, sendo, portanto, aptas a substituí-las, como matéria-prima, na fabricação de plásticos, com a superioridade de serem renováveis, o que não sucede com os derivados do petróleo. Com justificável ufanismo, celebra Lopes Leão: "As propriedades mecânicas dessas fibras em escala nanométrica aumentam enormemente. A peça feita com esse tipo de material se torna 30 vezes mais leve e entre três e quatro vezes mais resistente." Corroborando a assertiva de Lopes Leão, consoante testes realizados por meio de um acordo de pesquisa com a Braskem, adicionou-se 0,2% de nanofibra ao polipropileno fabricado pela empresa, registrando-se um aumento de resistência de mais de 50% nos materiais. Em ensaios realizados com plástico injetável, utilizado na fabricação de para-choques, painéis internos e laterais e protetor de cárter de automóveis, com a adição entre 0,2% e 1,2% de nanofibras, as peças apresentaram maior resistência e leveza do que as encontradas no mercado, segundo os resultados. O cientista declarou, enfático: "Em todas as peças utilizadas pela indústria automobilística, à base de polipropileno injetado, nós substituímos a fibra de vidro pela nanocelulose e obtivemos melhora das propriedades! Além da melhoria da segurança, os plásticos feitos com nanofibras ensejam a redução do peso do veículo e aumentam a economia de combustível, além de proporcionarem aumento da resistência a danos causados pelo calor e por derramamento de líquidos, como a gasolina." Lopes Leão festejou: "Por enquanto, estamos focando a aplicação das nanofibras na substituição dos plásticos automotivos. Mas, no futuro, poderemos substituir peças que hoje são feitas de aço ou alumínio por esses materiais." Sem dúvida, uma grande notícia.

A Volkswagen já vem usando a fibra de caroá no teto, na parte interna das portas e na tampa de compartimento da bagagem dos automóveis Fox e Polo, em consequência de uma pesquisa realizada pela Fapesp, em parceria com a Pite – Pesquisa em Parceria para Inovação Tecnológica. Outras indústrias automobilísticas deverão seguir pelo mesmo caminho.

Segundo os pesquisadores, as nanofibras podem ser aplicadas em diversos setores, como o de materiais médicos e odontológicos. Um projeto de pesquisa, em parceria com a Faculdade de Odontologia da Unesp de Araraquara, investiga a possibilidade de substituir o titânio utilizado na fabricação de pinos metálicos para implantes dentários pelas nanofibras. Paralelamente, em outro projeto, em parceria com a Faculdade de Medicina Veterinária e Zootecnia da Unesp de Botucatu, utilizam-se as nanofibras para desenvolver membranas de celulose bacteriana vegetal. Isso porque em testes de biocompatibilidade *in vivo*, realizados com ratos, os animais sobreviveram por seis meses com o material. "Nenhuma pesquisa do tipo tinha conseguido atingir, até então, esse resultado", festejou Lopes Leão. Mais ainda: um grupo da Unesp está estudando a utilização de fibras naturais para o desenvolvimento de compósitos reforçados e para o tratamento de águas poluídas por óleo.

CONCLUSÃO

A cultura do sisal passa por um momento paradoxal: enquanto cai a produção, com risco de extinção do setor, observa-se a emergência de um cenário promissor, em razão de novas alternativas de uso da fibra, como os geotêxteis e os termoplásticos para a indústria automobilística, naval, moveleira e da construção civil, além da melhoria de sua competitividade, resultante do encarecimento do petróleo e das fibras sintéticas dele derivadas, que são os principais concorrentes das fibras vegetais.

O professor Alcides Lopes Leão integra o comitê de especialistas responsável pela avaliação dos projetos que buscam financiamento internacional na área de *commoddities*, principalmente no setor agrícola, o CFC (Common Fund and Commodities). "As decisões tomadas pelo comitê são importantes porque podem significar o desenvolvimento da economia local de um país a partir do impulso a uma *commodity* específica", leciona. A indicação do professor Leão reflete sua atuação junto à FAO/ONU (Organização das Nações Unidas para Agricultura e Alimentação), em projetos relacionados com o desenvolvimento de novas aplicações para as fibras naturais, em países como Colômbia, Equador, Filipinas, Índia, Tanzânia e Haiti.

O CFC foi criado durante a Conferência da ONU sobre Comércio e Desenvolvimento, em 1989. O Fundo reúne 107 Estados-membros e instituições como a União Europeia (UE), a União Africana (UA), o Mercado Comum da África Oriental e Austral (Comesa), a Comunidade do Leste Africano, a Comunidade Andina, a Comunidade do Caribe (Caricom), Comunidade para o Desenvolvimento da África Austral (SADC) e União Econômica e Monetária do Oeste Africano (Uemoa).

O propósito do CFC no combate à pobreza, mundo afora, ajusta-se, como a mão à luva, como instrumento de promoção econômica e social das populações do Semiárido. O Fundo concede financiamento a projetos voltados para os pequenos agricultores, bem como pequenas e médias empresas envolvidas em produção, processamento e comércio de *commodities*, em países menos desenvolvidos. Os projetos contemplam, também, o financiamento de pesquisas e desenvolvimento de *commodities* específicas. "A tecnologia desenvolvida através de projetos financiados pelo CFC é, obrigatoriamente, de domínio público e beneficia especialmente os países mais pobres, além de fomentar a colaboração entre nações, especialmente as do Hemisfério Sul", relata o professor Leão. Todos os produtos autóctones do Semiárido são suscetíveis de financiamento pelo CFC.

Este panorama promissor de emprego e renda, numa das regiões mais pobres do mundo, impõe ao governo o dever de priorizar uma política de continuidade do apoio a medidas estruturantes do setor, destinadas à melhoria da competitividade e expansão da cultura, como a segurança de preços mínimos, facilidade de transporte e silagem de qualidade.

Com as áreas que possui, a Bahia tem potencial para chegar a uma produção de um milhão de toneladas/ano.

OUTRAS FIBRAS VEGETAIS

Além das já mencionadas, há uma variada gama de fibras vegetais que abundam no Semiárido, entre as quais as do abacaxi são as que apresentam maior resistência e vocação para serem utilizadas na fabricação de bioplásticos. Há um festival de plantas agroeconômicas, como as agrotêxteis, bromeliáceas: caroá, gravatá, macambira; a família das sidas, a malva, o carrapicho, o algodão mocó; as agroenergéticas, como a mandioca, a maniçoba, o marmeleiro; as agropastoris, como as palmáceas e cactáceas; as agroalimentares, como as frutas tropicais; as agromelíficas, constituídas das grandes floradas.

As fibras da malva-branca e preta, e do carrapicho, com até dois metros de comprimento e ricas em celulose, industrializadas *pari passu* com o caroá, já foram matéria-prima na fabricação de apreciadas padronagens de um fino tecido que vestiu a burguesia nordestina. Impõe-se restaurar o seu aproveitamento. E o que dizer do tucum e da embira, tão próprios no fabrico de cordas, sacarias e em diferentes usos domésticos?

A ECOLOGIA COMO FORÇA PROPULSORA DO USO DAS FIBRAS

As fibras vegetais sempre estiveram presentes no cotidiano da espécie humana. Todavia, com o desenvolvimento de consciências e práticas mais ecológicas e preservacionistas, após o domínio avassalador dos fios sintéticos, as fibras vegetais tendem a ser cada vez mais importantes e valorizadas, ampliando-se as possibilidades de seu uso para muitas áreas industriais que ora intensificam as pesquisas e investimentos em matérias-primas biodegradáveis para seus produtos, a partir das nanofibras. Sem subestimar a concorrência das fibras sintéticas, que por razões históricas e econômicas se apresentaram como substitutas adequadas, as fibras vegetais sempre foram mais viáveis economicamente, apresentando vantagens insubstituíveis nos aspectos ecológicos, no conforto, resistência e adequação aos diversos ambientes. A um país com tamanha cobertura vegetal, como o Brasil, impõe-se um ambicioso programa de pesquisa para fazer das fibras vegetais uma extraordinária fonte de riqueza autossustentável, com a imensurável vantagem de incorporar ao processo produtivo a totalidade das populações rurais brasileiras, tão carentes de emprego e renda. E por que a Bahia não sai na frente, no desenvolvimento e na consolidação desse processo redentor?

MAIS PESQUISA

Para preparar as nanofibras, os pesquisadores desenvolveram um método em que colocam as folhas e caules do abacaxi ou das demais plantas em um equipamento parecido com uma panela de pressão. O que resulta dessa mistura é formado por um conjunto de compostos químicos, sendo o cozimento feito em vários ciclos, até produzir um material fino, parecido com o talco. Um quilograma do material pode produzir 100 quilogramas de plásticos leves e super-resistentes. Dos resíduos agroindustriais resultam fibras que podem dar origem a uma nova geração de superplásticos, mais leves, mais resistentes e ecologicamente mais recomendáveis do que os polímeros tradicionais, utilizados industrialmente. Alternativas vêm sendo pesquisadas pelo grupo de trabalho coordenado pelo professor Alcides Lopes Leão, da Faculdade de Ciências Agronômicas da Universidade Estadual de São Paulo (Unesp), em Botucatu. O grupo de trabalho demonstrou, no encontro anual da Sociedade Norte-Americana de Química, que os superplásticos podem ser fabricados de vários tipos de frutas e plantas.

PIAÇAVA E OUTRAS FIBRAS

A piaçava é usada na confecção de vassouras e escovas. Originária da Mata Atlântica, no sul da Bahia, seu comércio é intenso porque seus fins são múltiplos, como no artesanato, na fabricação de vassouras, na cobertura de casas e barracas de praia. O autor destas linhas cobriu integralmente com pentes de piaçava dois aprazíveis hotéis, construídos à beira-mar, um na praia de Guarajuba, no litoral norte de Salvador, e outro na praia de Taperapuã, em Porto Seguro, onde, igualmente, cobriu a sua ampla residência com pentes de piaçava, para encanto geral. A juta é outra fibra de origem vegetal que possui importância econômica para muitas comunidades. Na construção civil, há pesquisas que demonstram que a mistura de resíduos da fabricação de blocos cerâmicos com polpa de bambu refinada pode substituir com segurança até 20% do cimento necessário. As fibras de coco também são bastante úteis na construção civil, no paisagismo, nas indústrias automobilísticas, navais e aeronáuticas, como resíduos de madeira e esponja vegetal. Também como enchimento de estofados, tornando-os mais leves, resistentes e duráveis do que as sintéticas. As fibras de coco, igualmente, são utilizadas na implantação de telhados verdes, construções alternativas e jardins verticais, contribuindo para a preservação do xaxim (samambaiaçu) que se encontra em extinção. Em cosmética, saúde, nutrição e limpeza, também são utilizadas as fibras vegetais, como a esponja vegetal recomendada em tratamentos dermatológicos e banhos para estimular o sistema circulatório. Do notável papel desempenhado pelas fibras na saúde animal e humana, através da alimentação, não é preciso falar, por demais conhecidas e valorizadas.

FAVELEIRA

A faveleira é vegetal autóctone dos sertões do Semiárido, plenamente adaptada à vastidão dos seus solos silicoargilosos. Rica em proteínas e fonte de riquezas múltiplas, a faveleira é, também, o alimento assegurador da sobrevivência da pecuária local, ao longo dos períodos estivais, particularmente do gado caprino. Do seu nome deriva o popular aglomerado humano, favela, que abriga as populações carentes em torno das grandes cidades brasileiras, em face de sua abundância no cenário da Guerra de Canudos, que chacinou o beato Antônio Conselheiro e seus seguidores.

Dos estudos realizados sobre ela, pelo engenheiro agrônomo baiano, Luiz de Carvalho Pimentel, constatou-se que o óleo extraído de suas bagas é superior aos melhores existentes no mercado. Vejamos o que a respeito desse benfeitor de povos disse, na década de 1970, o acadêmico e jornalista Samuel Celestino, decano da crônica política no Nordeste: "O mundo de Pimentel começou varando a Bahia em lombo de burro, às vezes de jegue, e, agora, de fusca, sempre a serviço do Banco do Estado da Bahia. Foi montado num jegue que, em 1935, ele conheceu a favela, ou melhor, uma euforbiácea de nome científico pomposo: *Phyllacantus*. Mascava-a um caboclo e Pimentel, na sua curiosidade, interessou-se e se apaixonou pelo que descobrira: a planta oleaginosa mais rica que existe, segundo ele, produtora de óleo comestível e de combustível, cujo resíduo possui 77% de proteína, de acordo com testes de laboratório, providenciados por ele, com grande esforço, na Alemanha, Inglaterra, Estados Unidos e Canadá." Ainda segundo Pimentel, a produtividade de um pé de faveleira corresponde ao de quatro a cinco pés de oliveira. Planta nativa, carente de processos culturais, a faveleira alimenta homens e animais, razão pela qual o pesquisador Pimentel afirmou que, um dia, ela seria a redenção do homem nordestino.

Muitos anos depois de Pimentel, os técnicos da Embrapa, Nilton de Brito Cavalcanti e Geraldo Milanez Resende, comprovaram os seus achados, a partir de levantamento realizado em três comunidades do município de Curaçá – BA. A pesquisa, realizada no período de setembro a outubro de 2005, identificou que "os animais ramoneiam a favela no período entre as 8 e 10 horas da manhã, consumindo, principalmente, os brotos e a casca". O relatório acrescenta que: "Os agricultores informaram que no período de maio a julho, quando as folhas maduras da faveleira caem, os animais dão preferência a este tipo de alimento."

As folhas com espinhos urticantes não revelam, de pronto, o potencial forrageiro da faveleira. Os acúleos pontiagudos são uma proteção natural contra o reino animal. Os caules suberosos (compostos de células mortas), espessos, são ricos em xilopódios, indispensáveis para a retenção de água e nutrientes. A faveleira é uma forragem rica e de fácil digestão, chegando a conter 18,5% de proteína bruta, 23,3% de amido e 2,1% de cálcio, segundo estudos do Centro de Pesquisas Agropecuárias Trópico Semiárido e do Instituto de Pesquisa Agropecuária – IPA. Os animais aprenderam a evitar a ferroada dolorosa de seus espinhos urticantes, só mastigando e consumindo suas folhas nutritivas, depois que caem. Segundo estudos sobre o potencial dessa espécie nativa da caatinga, a semente fornece um óleo comestível nutritivo e saboroso que contém 46% de proteínas, enquanto o óleo de oliva contém apenas 14%. A torta, subproduto da extração de óleo, é uma formidável ração, com 66% de proteínas, superando os 46% contidos no farelo de soja, também usado na alimentação animal. Além de serem consumidas de forma natural, as ramas e cascas servem para fazer feno, e as sementes podem ser usadas para alimentar animais silvestres e domésticos. Sua fenologia indica o mês de janeiro como início do período da floração e fevereiro o de frutificação.

Cientes da importância desta espécie, a equipe técnica do IPA incluiu a faveleira como uma das espécies nativas a serem replantadas nas comunidades envolvidas no Projeto

Recaatingamento, que é desenvolvido em sete municípios da Região Norte da Bahia. O projeto, além do plantio em conjunto com a comunidade, realiza cursos que orientam "os produtores a cultivarem e fazerem o manejo correto da planta, extraindo de forma sustentável todos os elementos que ela oferece e que contribuem com a caprino-ovinocultura no Semiárido".

Em Curaçá, a pesquisa da Embrapa identificou uma variação de 12 a 68 plantas/ha na área observada, mostrando que se trata, de fato, de uma espécie adaptada à região. Em.algumas comunidades envolvidas no recaatingamento, realiza-se o replantio da espécie. "Na comunidade de Fartura, em Sento Sé, as mudas foram cultivadas no viveiro construído através do projeto e agora estão plantadas em área coletiva cedida pelos moradores." Repita-se: esse tipo de vegetação, cujo nome científico é *Cnidoscolus phyllacanthus*, é resistente à seca e se desenvolve em solos rasos e pedregosos.

CONCLUSÃO

Como são bem estudadas e conhecidas as ações antrópicas que comprometem a rica integridade biocenótica do Semiárido, proscrevê-las, de modo radical, é de absoluto preceito. As duas desastradas ampliações das fronteiras agrícolas, implementadas, sucessivamente, nos Estados Unidos e na Rússia, no século XX, são uma boa lição sobre o que não deve ser feito, sem esquecer que o homem tudo sacrifica quando sua sobrevivência está em jogo. Basta lembrar que ainda hoje prevalece, sob a responsabilidade, *in vigilando*, das autoridades, a nefasta prática de queimar a vegetação nativa, como abordagem inicial no trato com a terra, ensinada aos nativos pelo donatário Garcia d'Ávila, a partir da segunda metade do século XVI.

Fruto da imprevidência, 15% do Semiárido encontram-se em processo de desertificação, e outros tantos caminhando na direção do mesmo desastre. A região de Icatu da Barra, na Bahia, integra a desertificação em curso. São cerca de 10.000km², na margem esquerda do Velho Chico. Grandes dunas que se estendem ao município de Pilão Arcado são sopradas, de leste para oeste, pelos ventos alísios. Trata-se de uma região sem água, com o menor índice de ocupação de todo o estado. Estudiosos advertem que a desertificação do Semiárido é um problema tão sério quanto a desertificação da Amazônia. O processo de desertificação altera radicalmente a biocenose, na medida em que modifica tudo: o fluxo da água, do solo, do clima, da flora e da fauna.

Uma verdadeira pletora legislativa existe, voltada para a proteção ambiental. Como em quase tudo neste país, as leis ambientais são criminosamente descumpridas, sob o manto protetor da corrupção e da impunidade, patrocinadas pela corrida eleitoreira que a tudo suplanta, como medida de prioridade.

Que a Floresta da Tijuca, no Rio de Janeiro, sirva de inspiração sobre o que fazer. Devastada pelos exploradores de madeira, nos primeiros séculos de construção da Cidade Maravilhosa, a floresta foi inteiramente restaurada nos seus 3.500ha, com mudas autóctones, por determinação de d. Pedro II, o maior estadista brasileiro de todos os tempos. Com sua rica diversidade vegetal e animal, seus córregos e quedas d'água, a floresta é festejada como a maior do mundo em ambiente urbano. Manoel Bonfim Ribeiro, em seu citado livro panaceia sobre o Semiárido, apresenta detalhado receituário sobre os cursos de ação a empreender, como mecanismo eficaz para sustar e reverter o processo de desertificação em marcha. Entre as medidas que propõe, encontra-se o cultivo regular do cajueiro, da catingueira, do alecrim-do-campo, do caroá, do umbuzeiro, da umburana de cheiro, da faveleira, da jurema-preta, do marmeleiro, do sabiá (a leguminosa, e não a ave), do cactos, do gravatá, da macambira, da algaroba, da palma e do sisal.

CAPÍTULO 8

PROGNÓSTICO

O que foi dito nas páginas precedentes nada mais é do que uma rápida visão, *à vol d'oiseau*, do complexo estado da Bahia, rico de possibilidades de desenvolvimento econômico e social. A transformação desse potencial em riqueza, em favor das pessoas, é a responsabilidade essencial de quem governa, sobretudo de quem governa o estado, em face de sua estratégica posição intermediária entre a União e os municípios. Junto à União, cabe ao governo estadual promover a elaboração de projetos que exerçam impacto transformador da realidade econômica e social da maior amplitude e intensidade, sobretudo os que se articularem, em caráter sinérgico, com iniciativas em curso, de origem pública ou privada. Junto aos municípios, o governo estadual deve deixar clara sua decisão de valorizar acordos e parcerias com as administrações que se pautarem pelos princípios da lisura e da eficiente aplicação dos recursos públicos. Municípios que tenham contas rejeitadas, ou sob suspeição, serão tratados no estrito plano das obrigações constitucionais.

ELEVAÇÃO DA QUALIDADE ADMINISTRATIVA DOS MUNICÍPIOS

Não é exagerada a avaliação de que nada menos de 90% dos municípios brasileiros e baianos são dirigidos por prefeitos despreparados para o posto, sem mencionar os que unem despreparo e corrupção. O mesmo ocorre com os escolhidos para integrar as equipes de governo. Deve ter sido a partir dessa constatação que Stefan Zweig, no livro que escreveu para agradar o governo Vargas, *Brasil, país do futuro*, cunhou a conhecida frase: "No Brasil, a natureza reconstrói, à noite, o que os brasileiros destroem durante o dia."

Como não há macroeconomia eficaz sem microeconomias produtivas, é imperioso encontrar mecanismos que permitam ou legitimem induzir as administrações municipais para o exercício da eficiência na gestão dos recursos públicos. O somatório dos desperdícios praticados no varejo municipal, de todo o país, sobe a números estratosféricos. Na Bahia, pensamos, esse desperdício se situa alguns pontos acima da média nacional, em razão do baixo nível educacional da maioria do povo baiano que, em razão disso, escolhe mal os seus governantes, elegendo os que exercem com audácia seus desvios de conduta, como é próprio dos canalhas. Como elemento perpetuador do atraso, registre-se que entre as 27 unidades da federação, o ensino fundamental baiano aparece no 25º lugar. Isso num país que, apesar de figurar entre as dez maiores economias do globo, ocupa a 80ª posição em matéria educacional.

Para elevar a produtividade das administrações municipais, o governo da Bahia deve adotar duas medidas fundamentais. A primeira consiste na criação de um núcleo permanente de treinamento da mão de obra municipal, em todos os níveis, do prefeito aos contínuos, passando por todos os escalões intermediários, inclusive o secretariado. Na prática, entre seis meses e um ano, na grande maioria das administrações municipais, são dedicados à familiarização com o novo ofício, o que consubstancia onerosa perda de tempo. O período compreendido entre a vitória nas eleições e a posse seria usado, prioritariamente, para familiarizar os novos administradores com o conteúdo e as possibilidades dos seus postos, bem como os modos mais eficientes de exercê-los. Ao longo do ano, consoante o cronograma de cada administração municipal, os corpos funcionais se submeteriam a treinamentos cujo tempo poderia variar entre um dia e um máximo de uma semana, de acordo com a complexidade dos postos. Como vivemos na sociedade do conhecimento, caracterizada pela velocidade das mudanças, sobretudo as tecnológicas, esse treinamento deve ser repetido a cada ano. Recorde-se que essa prática do treinamento continuado já é observada há muito tempo pelas mais bem-sucedidas empresas privadas, contrariamente à inércia da grande maioria das administrações públicas.

Esse programa, sendo bem elaborado e posto em prática de modo competente pode ser aberto a qualquer município brasileiro, devendo transformar-se em poderosa alavanca do turismo do conhecimento, produto hoje inexistente no cardápio de oferta das atrações do estado. A ilha de Itaparica reúne as condições ideais para sediar esse curso, que poderia ser inteiramente operado pelo setor privado, uma vez que cada município concorre com os dispêndios dos seus funcionários: transporte, preço do curso, hospedagem e alimentação. É fácil compreender por que a rede hoteleira local não conheceria baixa-estação. Antes, deveria ser ampliada, para atender as centenas de milhares dos funcionários públicos municipais que se revezariam ao longo dos 365 dias do ano. Observe-se que dispêndios com treinamento não são despesas. São investimentos de retorno certo e elevado.

Os municípios da ilha de Itaparica, em parceria com o governo estadual, para servirem de exemplo de como é possível tornar os municípios, em geral, espaços extremamente aprazíveis e atraentes, seriam dotados de excelente infraestrutura física e social, a exemplo de saneamento básico integral, rigoroso cumprimento de uma exigente agenda ecológica, paisagismo de alto nível, limpeza urbana, serviços de saúde, educação e segurança pública modelares. Algo no padrão de Gramado e Canela, na serra gaúcha. A mais disso, o governo estadual definiria parcerias adicionais com aqueles municípios que apresentassem desempenho superior nas áreas sob seus cuidados. Seria uma marcha na direção de práticas meritocráticas tão ausentes, desgraçadamente, da administração pública brasileira. Mais ainda: uma comissão multidisciplinar elegeria, periodicamente, os municípios que mais bem se houveram nas diferentes áreas. Seria um campeonato permanente de civilidade, com intensa participação popular.

Em tal hipótese, a ausência de uma ponte faraônica ligando Salvador a Itaparica agregaria à grande ilha o encanto de coisa protegida do acesso fácil de multidões potencialmente poluidoras do espaço físico e da boa convivência.

A respeito da construção da famigerada ponte, vejamos o que, em 2013, Joaci Góes Filho escreveu em *A Tarde*:

A FANTÁSTICA PONTE DE ITAPARICA

"Produto exclusivo do acaso, fui uma das primeiras pessoas, junto com minha mulher, Gabriela, a cruzar a ponte Malmo-Copenhagen, que liga a Suécia à Dinamarca, em 3 de julho de 2000, dois dias após sua inauguração. Provavelmente, os primeiros brasileiros a fazê-lo, depois da quase brasileira rainha Silvia.

A ponte Oresund, como é conhecida, liga dois pequenos países cujos PIBs combinados são de causar inveja ao nosso. Apesar da pequena distância que os separa, cerca de 14 quilômetros, seus governantes só vieram a considerar esse investimento de U$12 bilhões de dólares (valores atualizados), há 18 anos, quando prioridades maiores, como educação, saúde, saneamento e infraestrutura básica já haviam sido atendidas satisfatoriamente.

Hoje, no Brasil, mais especificamente na Bahia, cresce perigosamente a crença de que a ponte Salvador/Itaparica, quase da mesma extensão da Oresund, é um empreendimento importante e benéfico para nossa sociedade, já maduro para ser implementado. Diante dessa constatação, sinto-me no dever de somar minha voz à de quantos partilham do entendimento de que se trata de lamentável equívoco, argumentando para evitar a consumação de erro tão grave, inspirado no pensamento de que o mal prospera diante do silêncio das pessoas de bem. Como me considero uma pessoa de bem, desprovida de quaisquer outros interesses políticos e ou empresariais, sinto-me, por isso, legitimado para combater a grave insensatez que é este investimento, diante de tantas outras gritantes prioridades do nosso povo.

Preocupam-me os erros que cometemos hoje, destinados a agravar, ainda mais, o palco da vida futura de nossos filhos. Como justificar a construção de uma obra tão cara quanto adiável, quando salta aos olhos que vivemos numa sociedade onde a saúde, a educação e a segurança pública entraram em colapso? E o que dizer de tantas obras de infraestrutura tão necessárias ao conforto e à vida das pessoas, como o saneamento básico, cujas deficiências afetam preocupantemente tantas populações de nosso estado, e o transporte de massa concebido para melhorar o, cada vez mais, caótico trânsito da região metropolitana de Salvador? O projeto do Metrô, que já dura incríveis 12 anos, de tão antigo, já está defasado e os trens, enferrujados. Será que alguém acha mesmo que a ponte custará, apenas, sete bilhões de reais? Haverá ingênuos que acreditem que essa obra faraônica estará concluída em quatro anos? Existe alguém, minimamente informado, que já não saiba quem será o consórcio vencedor? Como explicar o silêncio das entidades de classe da Bahia sobre a momentosa questão? Recentemente, ouvi na Fieb um mirabolante plano segundo o qual os recursos para investimento na ponte não seriam oriundos dos impostos estaduais ou federais, mas do lucro obtido entre o valor da desapropriação de uma substancial área da ilha, pelos preços de hoje, e a valorização futura. Um fundo formado a partir dessa diferença seria usado para financiar sua construção. Esse discurso durou pouco, pois, infelizmente, esta é uma daquelas muitas ideias que no papel fazem sentido, mas que, na prática, não se sustentam.

Como resulta patente que o pedágio, apenas, não será suficiente para atrair investidores nacionais ou internacionais, o que por si só comprova sua mais completa inviabilidade econômico-financeira, engana-se quem quiser: a ponte será bancada por mim e por você, que não temos o poder de decidir sobre a aplicação de nosso dinheiro. Ficaremos a assistir à desenfreada e desnecessária gastança que ocorrerá em todas as suas etapas, até o fim de sua construção.

O previsível investimento por parte do poder publico estadual e federal equivale, numa simples analogia popular, a um casal classe média baixa, com dois filhos em escola pública, pai desempregado, mãe num emprego mal remunerado, como o de enfermeira ou professora, usuários de transporte coletivo, e que acaba de receber uma pequena herança. Após muita reflexão sobre como gastar o valor recebido, um olha para o outro e diz: 'já sei amor, vamos comprar uma lancha!'"

INOVA, SEMIÁRIDO

Em março de 2017, o governo da Bahia, através da Secti, Secretaria de Ciência, Tecnologia e Inovação do estado da Bahia, produziu um documento em que, nas palavras do titular da pasta, Vivaldo Mendonça Filho, "encara a produção e transformação do conhecimento em soluções que estimulem a inovação nas atividades produtivas, valorizando a competitividade e o empreendedorismo, de modo articulado, nas mais diferentes regiões do estado, visando a elevação do emprego e da renda, para o que conta com a Fundação de Amparo à Pesquisa do Estado da Bahia – Fapesb, que possui diversos programas que visam fortalecer pesquisas locais que valorizem o desenvolvimento científico e tecnológico, em sintonia com iniciativas do Sistema Fieb, com destaque para o Cimatec, instituição referência em educação, pesquisa, desenvolvimento e inovação para a indústria. O Sistema de Ciência, Tecnologia e Inovação, apesar de se encontrar em sua fase inicial, tem conquistado avanços consideráveis. Muito há, no entanto, a fazer para o aproveitamento das possibilidades do Semiárido, um dos 27 territórios de identidade na Bahia, o mais extenso, sem dúvida. Torna-se evidente a necessidade da criação de um orgão dedicado ao aproveitamento do grande e diversificado potencial do Semiárido, convertido, a partir dessa nova abordagem, em novo Semiárido, apoiada na gestão do conhecimento, conforme preconizado no Programa das Nações Unidas para o Conhecimento. Essa postura resultará na otimização das possibilidades da região nas áreas para as quais é visivelmente vocacionada, como a caprino-ovinocultura, sisal, bioenergia ou biocombustível (biodiesel e etanol), mandioca, frutas, flores, fibras, mel, algaroba, entre outras. O associativismo permitirá a integração competitiva do pequeno produtor aos mercados, local, regional, estadual e até internacional, sem prejuízo da atração de empreendedores de fora que aportem tecnologias compatíveis com as peculiaridades ambientais, também em setores como infraestrutura portuária, ferroviária, aeroviária etc. Estruturas já existentes e destinadas a implementar a agricultura familiar devem ser valorizadas, a exemplo da Secretaria de Desenvolvimento Rural, da Superintendência da Agricultura Familiar, integrantes da Secretaria da Agricultura, Irrigação e Reforma Agrária – Seagri e a da Economia Solidária na Secretaria do Emprego, Trabalho, Renda e Esporte – Setre, dos Conselhos de Desenvolvimento Rural Municipal e do Conselho Estadual de Desenvolvimento Rural Sustentável. Mencionem-se, ainda, o Conselho Estadual de Desenvolvimento Territorial – Cedeter, os Colegiados Territoriais de Desenvolvimento Sustentável – Codeters, e o Programa Sertão Produtivo, que tem como objetivo fomentar as atividades produtivas, de segurança hídrica e alimentar e de agregação de valor, com vistas à convivência do agricultor familiar com o Semiárido baiano. Tudo em estreita sintonia com o Plano de Desenvolvimento Ambiental, constante do Plano Bahia 2023.

É nesse contexto que apresentamos uma proposta para a criação do Instituto Estadual de Inovações para o Semiárido – Inova Semiárido."

Deus queira que essa oportuna iniciativa produza os resultados que se esperam dela.

APÊNDICE 1

EXEMPLO DE MÁ ADMINISTRAÇÃO

O histórico de Ilhéus é sintomático de como a incapacidade do poder público para atuar de modo consistente pode operar como entrave ao progresso de um município ou região. Por se tratar de um município muito conhecido dos baianos, vamos analisar quanto potencial as sucessivas administrações ilheenses não têm sabido extrair desta importante unidade do estado da Bahia, para que continuasse a desempenhar seu importante papel histórico, em favor do desenvolvimento. Como bem compreenderam Luiza Olivetto e Diego Badaró, pensando em Ilhéus, em seu belo livro *Floresta, cacau e chocolate*: "O sul da Bahia é meio que um pequeno país dentro de outro, um país imaginário que tem tudo de bom para funcionar."

A perda para Itabuna na disputa para sediar a reitoria da Universidade Federal do sul da Bahia foi mais um golpe no prestígio regional de Ilhéus, que, inquestionavelmente, dispõe, no caso em tela, de melhores condições gerais do que Itabuna, tanto do ponto de vista da qualidade ambiental, como de tradição cultural. Prevaleceu, porém, a agenda político-eleitoral, em que Itabuna era mais forte, no momento da escolha da sede. Dane-se a educação. O calendário eleitoral fala mais alto, como tem sido a lamentável regra que empurra a Bahia e o Brasil ladeira abaixo.

O argumento de que Ilhéus já sediava a Universidade Estadual de Santa Cruz, que se formou a partir de uma fundação privada que reuniu unidades de ensino superior particulares, de Ilhéus e Itabuna, instaladas na década de 1960 (Faculdade de Direito de Ilhéus, Faculdade de Filosofia de Itabuna e Faculdade de Ciências Econômicas de Itabuna), não merece prosperar, porque as duas universidades poderiam construir frutuosa sinergia, no plano, sobretudo, da realização de pesquisas em áreas voltadas para o desenvolvimento regional, evitando a dispersão de esforços, que é um dos males maiores que comprometem a competitividade do esforço nacional, em suas múltiplas vertentes. A Uesc, Universidade Estadual de Santa Cruz, vem desenvolvendo pesquisas importantes, como a modelagem e simulação de radiofármacos, modelagem computacional de bacias hidrográficas e aquíferos, em biocombustíveis, tendo como propósito maior o sequenciamento genético do mapeamento do genoma da "vassoura-de-bruxa".

O imobilismo das lideranças ilheenses, agravado pela predominância eleitoreira que desgraça o país, na tomada de decisões, não soube tirar partido da presença aí de um centro de estudos tão importante como a Uesc que já contava, em 2015, com nada menos de 33 cursos universitários, entre bacharelados e licenciaturas, como administração, agronomia, biomedicina, ciências biológicas, ciências sociais, ciências contábeis, ciência da computação, comunicação social, direito, economia, enfermagem, engenharia, educação física, filosofia, física, pedagogia e letras, além de mestrados e doutorados em várias áreas.

Não se esgota aí o grande suporte acadêmico de que o município é dotado. Entre Ilhéus e Olivença, seu conhecido e aprazível bairro à beira-mar, encontra-se a Faculdade de Ilhéus, uma instituição privada, que oferece sete cursos, neste ano de 2018: administração, ciências contábeis, direito, nutrição, enfermagem, odontologia e psicologia, dotados de excelentes espaços, com bibliotecas e laboratórios bem aparelhados. Na avenida Itabuna, está localizada a particular Faculdade Madre Thais, que oferece os cursos de administração, enfermagem, direito, biomedicina e logística. Mais adiante, na saída para Itabuna, encontramos a FTC EaD, com cursos de administração, tecnologia em segurança do trabalho, biologia, letras, história, pedagogia e outros. Há mais: no Pontal, na Escola Diretriz, administrada pela Cooperativa de professores Santa Rita, encontra-se o Polo de Apoio Presencial do Grupo Uninter. Através das duas faculdades do grupo, a Facinter e a Fatec Internacional, o Uninter oferece diversos cursos de graduação e pós-graduação na modalidade EaD. Também no Instituto Brasileiro de Educação, Cultura e Turismo, de caráter privado, são oferecidos cursos superiores, particulares. Sem falar na Eadcon, no Colégio Nossa Senhora da Vitória, e na Unopar Ilhéus.

A Escola Técnica Federal, no campus de Ilhéus, oferece cursos nas modalidades integradas, subsequentes e superiores. No nível médio, da modalidade integrada, conta com três eixos de ensino: telecomunicações, eletroeletrônico e edificações. Na modalidade Proeja – Educação de Jovens e Adultos – de ensino médio, a área dominante é a de tecnologia da informação, com a implantação do curso de técnico de manutenção e suporte em informática. E a modalidade subsequente deve seguir os mesmos eixos de ensino da modalidade integrada. Na modalidade superior, o propósito é o de oferecer os cursos de licenciatura em computação e tecnólogo em tecnologia e automação industrial.

SENAI

No bairro do Iguape, Distrito Industrial de Ilhéus, o Senai mantém instalações destinadas à formação profissionalizante de nível médio, nas áreas de construção civil, segurança do trabalho, redes, montagem e manutenção de computadores, mecânica de automóveis e caminhões, mecânica pesada, eletricidade de alta e baixa tensão, eletromecânica e eletroeletrônico.

Embora dotada de tão importante infraestrutura de natureza educacional, Ilhéus não foi capaz de tirar dela as vantagens mínimas, ensejando a fixação, aí, pela criação de dinâmicas econômicas, a partir de cadeias produtivas, nas áreas de formação desse importante contingente intelectual, de ponderável parcela de seus graduandos que, desde o curso acadêmico, percebiam que teriam que aplicar seus conhecimentos em outras plagas. No particular do aproveitamento dessa qualificada mão de obra formada em seu território, Ilhéus revelou-se uma criatura de Nelson Rodrigues, exibindo-se como bonitinha, mas ordinária.

Na Bahia, além de Salvador, Ilhéus é a única cidade a contar com um aeroporto e um porto. Como se não bastasse, um novo porto está sendo construído, bem como um novo aeroporto já está previsto, com pista mais longa do que a atual. No novo porto serão embarcados os artigos destinados ao exterior, provenientes de tudo o que for produzido na área de influência da Ferrovia Oeste-Leste, Fiol. Um novo gasoduto integra o acervo dessa importante infraestrutura.

PORTO DE ILHÉUS

Inaugurado em 1971, o porto de Ilhéus é o maior exportador de cacau do Brasil e o primeiro a ser construído em mar aberto, em nosso país. É, também, ponto de passagem de diversos roteiros de cruzeiros turísticos. O porto Sul, aí implantado, em razão de inegáveis vantagens de sua localização, desaguadouro dos produtos transportados pela Ferrovia Leste-Oeste, dará novo alento a um município que até agora tem dormido em berço esplêndido...

CONDIÇÕES NATURAIS

Abençoado pela mãe natureza, Ilhéus é dotado de clima tropical úmido, com médias pluviométricas anuais bem distribuídas, entre 2000 e 2400 milímetros, com o verão comandando as precipitações. A temperatura média gira em torno dos 25º C, caindo no inverno para 21º C, com oscilação entre 26º C e 18º C. Durante o verão, a temperatura varia entre 29º C e 22º C.

O estacionamento-declínio de Ilhéus é emblemático de o quanto o poder público pode fazer ou deixar de fazer por um município, região ou estado. Não é difícil constatar como a miopia administrativa dos governantes tem sido determinante nesta debacle.

Ilhéus é o município baiano com o mais extenso litoral no estado da Bahia. Com longa tradição e história, foi fundado em 1534 e elevado a cidade em 1881. Ficou conhecido em todo o país como a capital do cacau, de que foi o maior produtor mundial e, mais tarde, pelos romances de Jorge Amado, sobretudo *Cacau, Suor, São Jorge dos Ilhéus, Terras do sem fim, Gabriela, Cravo e Canela e O menino grapiúna*, todos, total ou parcialmente, aí ambientados. A conversão de algumas dessas obras em filme ou novela fez o resto. Outros escritores, romancistas e poetas, muito contribuíram para a boa fama de Ilhéus, como Adonias Filho, Jorge Medauar, Hélio Pólvora, Cyro de Matos, Sosígenes Costa, Antônio Lopes e o grande aedo nacional Florisvaldo Matos.

Como é do conhecimento geral, a vassoura-de-bruxa, criminosamente disseminada, segundo alguns, devastou a lavoura cacaueira, vitimando as comunidades que cometeram o erro histórico de confiar seu futuro à monocultura, apesar do crescimento recente, aí, da cultura da piaçava e do dendê. O mal explorado turismo, não obstante suas excepcionais vantagens comparativas, uma variada agricultura incipiente e um vacilante parque industrial, com apoio na indústria de informática, não foram suficientes para o município de Ilhéus compensar as perdas decorrentes do declínio da cacauicultura, apesar da excelente infraestrutura acadêmica. O Aeroporto Jorge Amado faz da terra de Gabriela e Nacib a porta de entrada dos que se destinam a toda a região, particularmente a Itabuna, outros municípios e polos turísticos. Deitado em berço esplêndido, Ilhéus, por miopia administrativa de sucessivas administrações, reagiu como se satisfeito estivesse com ser corredor de passagem aos que procuram as delícias da descontração, do ócio criativo, em destinos como Canavieiras, Itacaré e Ilha de Comandatuba. Ignorou, inteiramente, seu enorme potencial turístico e cultural representado por logradouros como as praias dos Milionários, Havaizinho e Olivença, os rios do Engenho e Almada com seus manguezais, a lagoa Encantada e o próprio Centro Histórico da cidade, e pela presença no imaginário popular das histórias contadas por Jorge Amado e levadas à televisão. Enquanto uma cidade como Liverpool, na Inglaterra, faz do bar onde os Beatles estrearam um ponto de permanente atração de visitantes do mundo inteiro, Ilhéus não foi capaz de aproveitar, como grandes atrações, o cabaré Bataclan e nem o Bar Vesúvio, sem falar num Memorial Jorge Amado, equipado com os recursos da moderna tecnologia, onde sua vida e obra pudessem ser virtualmente visitadas pelos leitores e admiradores, espalhados pelos quatro cantos do mundo.

LAGOA ENCANTADA

Grande lagoa, a 12 km de Ilhéus, é cercada de riquezas naturais, quedas d'água e áreas verdes. A região ganhou notoriedade como cenário na produção da telenovela *Renascer*, da Rede Globo, de 1993, com destaque para o personagem Tião Galinha e seu sobrado.

IGREJA MATRIZ DE SÃO JORGE

Localizada no centro da cidade, foi construída com pedras de cantaria e inaugurada em 1556. É uma das mais antigas igrejas do Brasil. As reformas por que passou preservaram seu estilo original. Abriga o Museu de Arte Sacra que exibe, além de valiosas peças sacras dos séculos XVI, XVII e XVIII, um painel da história de Ilhéus e uma imagem secular de São Jorge.

MUSEU NOSSA SENHORA DA PIEDADE

Composto de mobiliário antigo, louças, castiçais, crucifixos, paramentos romanos usados na celebração de missas, quadros e objetos diversos de uso pessoal de madre Thaís, fundadora do Instituto Nossa Senhora da Piedade, em 1916; de suas janelas e do seu pátio descortina-se uma bela paisagem, simultaneamente, da cidade e do mar.

OUTRAS ATRAÇÕES

Diversos monumentos compõem o acervo arquitetônico e histórico da cidade, tais como: Oiteiro de São Sebastião; Palacete Misael Tavares; Palácio Episcopal; Palácio Paranaguá; Ponta da Tulha; Teatro Municipal de Ilhéus.

O Bar Vesúvio, já centenário, é dos mais antigos estabelecimentos comerciais da cidade. Foi citado pelo grande historiador Francisco Borges de Barros, em 1915, como a única pastelaria de Ilhéus. Palco de muitas intrigas, o Vesúvio ganhou fama através do romance *Gabriela, Cravo e Canela*, de Jorge Amado, sendo, por isso, procurado por turistas que lá se decepcionam, pela falta do mínimo de estrutura ou semelhança correspondente à desenvolvida no seu imaginário. Os primeiros proprietários foram os italianos Nicolau Carichio e Vicenti Queverini. O imóvel, tombado pelo município, aguarda ser utilizado de um modo inteligente.

O famoso cabaré-bordel Bataclan, na avenida 2 de Julho, reformado em 2004, funcionou até o fim da Segunda Grande Guerra. Frequentado pelos coronéis do cacau, sua proprietária, segundo Jorge Amado, foi Maria Machadão, que teve a cantora Ivete Sangalo como sua intérprete, na última versão da novela *Gabriela*, da Rede Globo. Seu aproveitamento, para fins turísticos, se processa muito abaixo de suas possibilidades, restrito a lançamentos de livros e a outros pequenos eventos sociais. Salva-se o quarto de Maria Machadão, decorado com móveis da época. O Bataclan de Ilhéus foi inspirado no homônimo parisiense, onde na noite de sexta-feira, de 13 de novembro de 2015, terroristas do Estado Islâmico promoveram um banho de sangue, matando setenta frequentadores, do total de mais de 130 mortes, incluídas as verificadas em pontos próximos.

A ausência de ruas, na parte central da cidade, para desfrute exclusivo de pedestres, proibido o tráfego de carros, experiência que se amplia mundo afora, com a presença de intérpretes de temas folclóricos regionais, se soma, negativamente, para explicar o processo decadencial de um município que tem sido vitimado pela medíocre administração pública.

HISTÓRIA

A rica história de Ilhéus constitui, em si mesma, um atrativo nada desprezível. Quinhentos anos antes de fundearem os portugueses em águas do Brasil, as tribos indígenas tapuias que habitavam o território onde hoje é Ilhéus foram expulsas para o interior do continente pelos agressivos tupis, procedentes da Amazônia. Por isso, quando da chegada dos portugueses, no século XVI, a região era habitada pelos tupis, "os audazes e belos guerreiros, enaltecidos pela história e lenda, bravos defensores de grande parte do território conquistado pelos portugueses, estavam condenados à extinção pela sua própria e paradoxal existência, baseada no ódio, na incapacidade de perdoar e aceitar o perdão, na sua proibição secular de amar qualquer pessoa diferente de si próprios, condições essas que os levaram, inevitavelmente, à destruição, seja pela mão de portugueses, franceses, aimorés, ou pelos seus próprios irmãos... Essas características fizeram do povo tupi um povo errante, sem destino, perseguindo, em vão, a miragem da terra sem mal, cujo mito ancestral manteve seu povo vivo durante, pelo menos, dois mil anos. O povo tupi caminhava para a morte", nas palavras candentes da antropóloga argentina Célia Beatriz Giménez.

PRIMEIRO DONATÁRIO

Jorge de Figueiredo Correia, escrivão da Corte Real, foi o primeiro donatário da capitania de São Jorge dos Ilhéus, com "mil léguas" de largura, nomeado pelo rei português dom João III, segundo carta da doação da capitania de Ilhéus, assinada em Évora a 26 de junho de 1534. Ainda que se falassem maravilhas das novas terras, o donatário Jorge de Figueiredo Correia preferiu permanecer na Corte portuguesa, desfrutando das maciezas aristocráticas, enviando, em seu lugar, o déspota espanhol Francisco Romero para representá-lo na administração da capitania, enfrentando e pacificando os índios tupiniquins. O gesto de soberba indiferença do donatário é a matriz (quem sabe?) da expressão cunhada por Josué de Castro, no livro *Geografia da fome*, em que cognominou os futuros cacauicultores como "gigolôs da terra", por dela auferirem suas rendas, sem a ela pouco ou nada darem em troca. Francisco Romero, inicialmente, se instalou na ilha de Tinharé, em 1535, onde fica o Morro de São Paulo. Só mais tarde, quando descobriu o que seria batizado como baía do Pontal, fundou, aí, a sede da capitania, dando-lhe o nome de São Jorge dos Ilhéus, para evocar, simultaneamente, o donatário e as várias pequenas ilhas existentes, como a Pedra de Ilhéus, Ilheusinho, Pedra de Itapitanga e a ilha dos Frades. Os morros de Pernambuco e o atual Outeiro de São Sebastião também eram ilhas. Da ilha de Tinharé, a sede administrativa se mudou para a foz do rio Cachoeira, onde se encontra a baía de Ilhéus.

A boa convivência dos europeus com os nativos resultou na prosperidade da vila, que se transformou em freguesia em 1556, por determinação de dom Pero Fernandes Sardinha, o mesmo que foi devorado pelos índios caetés, instalados em área que hoje integra o vizinho estado de Alagoas.

Muito elogiada por Tomé de Souza, primeiro governador-geral do Brasil, pelo seu caráter ubérrimo, a região se afirmou e prosperou como grande produtora de cana-de-açúcar. A capela Nossa Senhora de Santana, então erguida, é considerada o terceiro mais antigo templo cristão nas terras de Pindorama.

A chegada dos agressivos índios aimorés conduziu a região a acentuado declínio de sua importância. Em fins do século

XVI, os ilhéus abortaram um ataque dos franceses, apoiados no fortim de Santo Antônio, uma paliçada edificada à entrada do porto, para defendê-los.

Com o fim das capitanias hereditárias, em meados do século XVIII, todas as terras retornaram ao patrimônio público. Mais de um século depois, começaria o ciclo do cacau no sul da Bahia, com as primeiras sementes trazidas do Pará, já que se trata de uma planta autóctone da região amazônica. O autor do transplante foi o francês Louis Frédéric Warneaux, que fez o primeiro plantio na fazenda Cubículo, às margens do rio Pardo, no hoje município de Canavieiras. Até então, o chocolate, derivado do cacau, era alimento desconhecido na região, que só tinha olhos para a cana-de-açúcar.

PROSPERIDADE

A prosperidade de Ilhéus e arredores foi cantada em prosa e verso, a que não faltaram episódios de todo jaez, narrados com múltiplo interesse, mundo afora. A quem quisesse plantar o ouro verde o governo doava terras. De toda parte chegavam forasteiros, incluídos fugitivos da polícia e da seca do Nordeste. Tanto que no já remoto ano de 1881 foi elevada à categoria de cidade, sob o patrocínio do marquês de Paranaguá. Em 1913, sediava um bispado. A população não parava de crescer. Os novos-ricos exibiam sua prosperidade sob a forma de belas edificações, como o Palácio do Paranaguá, hoje convertido na sede da Prefeitura, o prédio da Associação Comercial, casas suntuosas, copiando projetos famosos. O Ilhéus Hotel foi o primeiro do Nordeste, com elevador. O Teatro Municipal ainda hoje se apresenta em seu esplendor. Tendo Paris e o Rio de Janeiro como modelos, os endinheirados de Ilhéus misturavam bom gosto com o exibicionismo característico dos novos-ricos. Não havia casa de prestígio que não tivesse o seu piano de cauda. Uma delas ofereceu lauto banquete com o cardápio redigido em francês. Quando a exportação do cacau passou a ser feita pelo porto de Ilhéus, em lugar de Salvador, a região conquistou status internacional, exibindo espetáculos de dança, música e prestidigitação, vindos de fora.

CENTRO DA CIDADE

O centro de Ilhéus fica numa ilha cercada pelos rios Almada, Cachoeira e Fundão, ou Itacanoeira, a que se somam os canais Jacaré e Itaípe, este construído no fim do século XVIII pelo engenheiro naval e oficial do exército de Napoleão, François Gaston Lavigne. Este canal foi feito para dar acesso mais fácil às pequenas embarcações que transportavam o cacau produzido na bacia do rio Almada, que nasce na lagoa Encantada, de beleza tão ímpar quanto olvidada como atração turística, por sucessivas administrações.

DECLÍNIO

O declínio em que mergulhou o município, a partir da virada da década de 1980 para a de 1990, pela ação conjunta de fatores ambientais, praga e perda de competitividade, vencidas as dificuldades dos primeiros anos, deve ser encarado como um desafio para que o município possa voltar a crescer, apoiado, agora, na utilização inteligente do potencial de seu povo, historicamente entorpecido pelas ilusões da prosperidade, sem grande esforço, ensejada pelo surto viciador da monocultura do cacau. Reitere-se a forte suspeita de que a vassoura-de-bruxa tenha sido implantada na região por sindicatos rurais, sob inspiração do PT, como medida destinada a enfraquecer politicamente os coronéis. Um verdadeiro tiro no coração de toda a população, principalmente dos mais pobres.

CHOCOLATE

O brasileiro gosta tanto de chocolate que consolidou sua presença no mercado mundial como o terceiro maior consumidor do produto, abaixo, apenas, dos Estados Unidos e da Alemanha, em números absolutos, já que os suíços são os campeões do consumo *per capita.*

O chocolate é feito da amêndoa do cacau, fermentada e torrada. Sua origem remonta às civilizações pré-colombianas da América Central. Levado para a Europa, pelo colonizador, logo após os descobrimentos, lá se popularizou, sobretudo, a partir dos séculos XVII e XVIII. Endêmico de clima tropical úmido, o cacau não prospera na Europa, expandindo-se na América do Sul e na África Ocidental. O cacaueiro (*Theobroma cacao*) é uma planta nativa de uma região que vai do México, até à região tropical da América do Sul, passando pela América Central. Fruto tropical, o cacau é autóctone de áreas situadas vinte graus acima e abaixo da linha do Equador, razão pela qual os países produtores são terceiro-mundistas ou subdesenvolvidos. Vem sendo cultivado, aí, há cerca de três mil anos. Apesar de ter sua origem no continente americano, a produção e o consumo de chocolate, como vimos, foram introduzidos no Brasil pelos colonizadores europeus.

Para chegar ao estágio atual, o chocolate sofreu um processo de aperfeiçoamento, ao longo dos três milênios desde sua aparição, mais acentuadamente, a partir dos descobrimentos. Originalmente, era consumido sob a forma de uma bebida quente e amarga, de uso restrito aos poderosos. Os europeus introduziram ingredientes novos, como o açúcar e especiarias, para ajustá-lo ao seu gosto. O chocolate com leite foi o estágio que precedeu a elaboração do produto em estado sólido, que tanto contribuiu para a universalização do consumo. Em pó, em barras e em diferentes formatos, além do estado líquido, o chocolate é consumido em todas as temperaturas, entre gelado e quente. Cada uma dessas modalidades, *per se*, serve como ingrediente para uma variedade de alimentos, como sorvetes, musses, biscoitos e bolos. A intensificação do consumo passou a associar-se a determinadas festas, como a Páscoa e o Natal, oscilando grandemente sua reputação entre vilão e herói do bem-estar das pessoas, sendo descartado o uso, por nocivo, como alimento animal.

ORIGENS DO CHOCOLATE

Originada de línguas nativas da Mesoamérica, a palavra *chocolate* ganhou mundo a partir do espanhol que uniu o termo maia *chocol*, quente, com o asteca *ati*, água, significando água ou garapa quente. Desde as origens remotas de seu uso como bebida, o chocolate passou por várias fases, sempre cantado, em prosa e verso, pelo conteúdo energético e afrodisíaco. Os vestígios mais antigos da domesticação do cacau, encontrados em Honduras, datam de entre 1100 a 1400 a.C. A natureza dos recipientes e do material originais induz à crença de que se tratava de uma bebida alcoólica. Material semelhante, encontrado na Guatemala, e datado de 400 da era cristã, indica que o chocolate lá era usado como bebida, para consumo dos nobres. Há fortes evidências de que os maias usavam os grãos do cacau como moeda, fato que explica seu largo uso, para o mesmo fim, no Império Asteca, entre os séculos XIV e XVI. Nos armazéns de Montezuma, os espanhóis encontraram mais de mil toneladas das sementes de cacau, como moeda usada pelo tesouro para custear suas despesas, prática que continuou até o começo do século XX, em algumas regiões da América Central.

A reação dos europeus ao consumo da bebida de chocolate só desapareceu a partir da adição de açúcar de cana, canela e anis. Ao tempo, porém, de Fernão Cortés, o consumo da bebida amarga era imposto à soldadesca porque, como o conquistador escreveu ao imperador Carlos V: "uma taça da preciosa bebida permitia aos homens caminhar um dia inteiro sem necessidade de outros alimentos".

EXPANSÃO DO CONSUMO DE CHOCOLATE

Da Corte espanhola, o consumo da bebida se espraiou vagarosa e continuadamente por toda a Europa, sendo que a primeira chocolataria foi aberta na Inglaterra em 1657, e, na França, dois anos depois. França, Holanda e Inglaterra logo passaram a promover o cultivo do cacau em suas colônias, iniciativa que viria a reduzir o custo do produto, acarretando, pelo barateamento, a popularização do seu consumo e dos seus derivados.

Já no século XVIII, só em Madri, havia 150 moedores, quando o cacau ainda era processado manualmente. Em 1772, na colônia americana de Massachusetts, surgiu o primeiro moinho hidráulico, de onde o cacau saía em forma de tortas. Em 1778, a França inaugurou uma máquina para moer, misturar e aglomerar a massa de cacau.

No século XVIII, o cacau se tornara o principal produto exportado pela Amazônia portuguesa – 1.200 toneladas –, graças à operosidade jesuítica que soube se aproveitar do vazio aberto pela estagnação econômica da Espanha. Nos anos seguintes, esse volume cairia para a metade, fato que lhe não retirou a liderança no comércio do produto, respondendo, ainda, por quase dois terços da produção. Na primeira metade do século XIX, os portugueses, que já haviam levado o cacau para o Brasil, que se tornaria o maior produtor nos primeiros anos do século XX, levaram-no, também, para a Guiné, de onde passaria para outras colônias europeias da África Ocidental e mais tarde para o Sudeste asiático e para a Oceania. No final do século XX, as maiores regiões produtoras estavam na África Ocidental. A produção brasileira, em larga escala, começou no século XIX, na região de Ilhéus, levando o Brasil a liderar a produção mundial entre os anos de 1905 e 1910. De, apenas, 15 toneladas exportadas, em 1852, o volume cresceu para 30 mil toneladas ao tempo da Proclamação da República, alcançando 50 mil, na década de 1920, chegando a 400 mil toneladas na década de 1980. O prestígio econômico do cacau transformou-o em sinônimo de dinheiro e riqueza.

Ao longo dos séculos XIX e XX, o chocolate atingiria alto padrão de qualidade, em razão dos vários processos a que se submeteu, culminando com a elevação de seu prestígio, paralelamente à queda de preço, ensejando a incorporação de seu consumo a segmentos populacionais de mais baixa renda. De tal modo o consumo se expandiu que, em 1850, a Inglaterra importou nada menos do que 1.400 toneladas de cacau, números que se multiplicariam por impressionantes 9 vezes, na virada do século XIX para o XX!

Em 1819, a França inaugurava a primeira fábrica a utilizar o vapor na fabricação do chocolate. No mesmo ano, inaugurou-se a primeira fábrica suíça de chocolate, e uma segunda em 1831. Em 1828, o chocolateiro holandês Coenraad J. van Houten patenteou um método de retirada da gordura das sementes torradas, obtendo o cacau em pó que, tratado com sais – como carbonatos de potássio ou de sódio –, era misturado na água. Foi daquele cacau em pó que resultou o chocolate sólido. Em 1849, o inglês Joseph Fry produziu a primeira barra de chocolate comestível. Em 1879, Daniel Peter, chocolateiro suíço, usou o leite condensado, inventado pelo químico Henri Nestlé, 12 anos antes, para fazer o chocolate com leite. Daí aos populares bombons de chocolate foi apenas um passo.

Durante as duas grandes guerras, o chocolate foi reconhecido pelo exército dos Estados Unidos, pelo seu valor energético e antidepressivo, fazendo parte da ração das tropas. Os negócios com o chocolate passaram a envolver cifras cada vez maiores, retendo a liderança, no início do terceiro milênio, as empresas Mars, Wrigley, Hershey's e Cadbury.

PRODUÇÃO DO CHOCOLATE

Enquanto, em 1993, a produção mundial de cacau *in natura* era de 2,5 milhões de toneladas, com a Costa do Marfim respondendo por 840.000 toneladas, o Brasil por 300.000, a Indonésia por 280.000, Gana, 240.000 e Malásia, 195.000, na safra internacional de 2000/2001, em razão de pragas, o Brasil caiu do 2º para o 5º lugar, com uma produção de 150.000 toneladas.

O Brasil é o quarto produtor mundial de chocolate, com um produto de qualidade bem avaliada. O excesso de sacarose é o grande problema a ser superado. Só a partir do final do século XIX, em 1891, algumas fábricas foram instaladas no país, começando pelo Rio Grande do Sul. Em 2008, as pequenas fábricas brasileiras respondiam por pouco mais de 5% da produção nacional, ficando as gigantes Nestlé, Kraft, Garoto e Mars com 93% da produção total.

O que deve ser objeto de preocupação, nesse panorama, é que enquanto cresce o volume das importações, a produção interna não para de cair, ainda que lentamente, por perda de competitividade com a sofisticada produção externa. Dados da Abicab (Associação Brasileira da Indústria de Chocolates, Cacau, Amendoim, Balas e Derivados) mostram que, entre 2011 e 2013, a importação de chocolates saltou de 14 para 20 mil toneladas, um crescimento de 42%, enquanto a produção doméstica, no mesmo período, sofreu uma queda de 2%. É verdade que a produção interna ainda responde por 97% do consumo total, sendo, porém, muito pequena a parcela de nossa produção nacional destinada à exportação, que caiu de 33 mil para 30 mil toneladas no período mencionado.

CHOCALIPSE

Como aprendemos com a edição 2471 de *Veja*, de 30 de março de 2016, chocalipse é o nome dado ao fenômeno que aponta para uma crescente escassez do chocolate, em razão da iminência de o consumo ultrapassar a oferta, resultando na elevação do preço em cerca de 60%, já em 2020, para quando se estima um déficit de um milhão de toneladas do produto. Ruim para os consumidores, excelente para os produtores de cacau. A expansão do consumo entre chineses e indianos que, conjuntamente, respondem por mais de um terço da população mundial, é a principal causa dessa saudável crise, cujo lado negativo reside na aparente impossibilidade de aumento da produção da amêndoa, pela tríplice razão social, econômica e ambiental, consoante um relatório denominado Barômetro do Cacau, divulgado em 2015 por um consórcio internacional de produtores. A ética internacional está de olho na exploração de mão de obra infantil praticada pelos produtores africanos. Sua imperativa substituição por mão de obra adulta encarecerá o custo de produção. O problema social é substituído pelo econômico. O problema ambiental reside na utilização de agrotóxicos agressivos para vencer as pragas, como a vassoura-de-bruxa, disseminada no sul da Bahia, segundo alguns, por grupos sindicais para erodir o poder dos coronéis. Mais do que um tiro no pé, um tiro no peito de levas de trabalhadores rurais que abandonaram a região para buscar a sobrevivência na periferia das cidades, onde, muitos deles, atraídos para o crime, encontraram a morte precoce.

RENASCIMENTO DA CACAUICULTURA

Diego Badaró, quinta geração descendente de Juca Badaró, um dos mais afamados coronéis do cacau, personagem de Jorge Amado, em *Terras do sem fim*, e *São Jorge dos Ilhéus*, fundador, com sua mulher Luiza Olivetto, da apreciada marca de chocolate AMMA, acredita que o Brasil possa retornar ao terceiro posto como produtor mundial do produto. A quatro mãos, escreveram, em edição bilíngue, inglês e português, o mais belo livro, no conteúdo e na forma, sobre a Mata Atlântica, o cacau e o chocolate, com o título *Floresta, cacau e chocolate*. Nesse livro, Luiza e Diego detalham o bem- sucedido esforço que passaram a desenvolver para conduzir a produção ao patamar de cuidados artesanais, "da árvore de cacau à barra do chocolate", semelhante ao destinado à produção de uvas como matéria-prima do vinho, com direito a *terroir* e tudo o mais. Esse empenho, crescentemente partilhado por outros produtores baianos, acompanhado e valorizado pelos mais requintados produtores de chocolate do mundo, resultou na conquista histórica pelo produtor de cacau fino, João Tavares, de dois prêmios no *Salon du Chocolat de Paris*, como o melhor cacau de todas as origens. Parece ter razão François Jeantet, criador, com sua mulher, Sylvie Douce, do *Salon du Chocolat*, ao sentenciar que "sem amor, é impossível prosperar nesse ramo". Em 2012, graças ao prestígio crescente do novo cacau e chocolate produzidos na Bahia, o *Salon du Chocolat* realizou-se em Salvador. Diego Badaró, que possui uma das mais ricas bibliotecas sobre o chocolate, passou a ser o representante no Brasil do *Salon du Chocolat*. Uma conquista e tanto cuja importância tem passado despercebida do grande público e das autoridades que administram o estado.

SIGNIFICADO ECONÔMICO-SOCIAL DO CACAU

Intensiva de mão de obra, a cultura do cacau, dividida entre plantio, manutenção, colheita, fermentação e secagem, emprega cerca de dez milhões de pessoas distribuídas entre 3,5 milhões de famílias em todo o mundo, estando 70% no continente africano. A colheita é manual, porque os frutos amadurecem em momentos distintos, o que impõe cuidados para evitar danos à camada externa do caule, de modo a bloquear a infiltração de pragas. Os frutos são colhidos maduros, maturação denunciada pela cor e pelo ruído que o fruto faz ao ser levemente sacudido. Depois de abertos os frutos, as sementes são selecionadas, iniciando-se, então, a fermentação dos grãos. É por isso que o chocolate é um alimento fermentado, a partir de quando tem início a formação dos compostos que determinam o sabor e o aroma. Em seguida, vem a secagem, sob o sol. Em regiões úmidas, as amêndoas são secadas dentro de estruturas com circulação forçada de ar quente proporcionada por ventiladores, operação delicada, exigente de cuidados especiais, de modo a evitar a interrupção de processos químicos que possam comprometer o aroma e sabor do produto, sem falar no risco de contaminação pela fumaça da madeira ou por vapores de outros combustíveis, uma vez que os grãos absorvem odores, com facilidade. Evitar bolores é também fonte de preocupação. A secagem, obtida pela eliminação da umidade, reduz em mais da metade o peso dos grãos, antes de serem enviados para a indústria.

COMPOSIÇÃO DO CHOCOLATE

O chocolate é feito, essencialmente, do açúcar e dos grãos de cacau, a partir de cuja fórmula sofre variações, mundo afora, em função dos diferentes paladares e normas alimentares. Além dos açúcares e edulcorantes, entram como aditivos na fabricação do chocolate a manteiga de cacau, o leite em pó ou condensado, o cacau em pó, sorbitol, lecitina de soja e aromatizantes. Atenção especial é dada à obtenção da cor, em razão de sua influência, no desenvolvimento do apetite e do paladar.

Enquanto o livro de Gênesis maia, o *Popol Vuh*, atribui a descoberta do chocolate aos deuses que garantem a fecundação, uma lenda asteca diz que Quetzalcoatl roubou uma árvore de cacau da terra dos filhos do Sol, para presentear seus amigos com aquele néctar dos deuses. A partir dessa lenda, o botânico sueco Carolus Linnaeus batizou o cacau como *Theobroma*, do grego "*Theo*", Deus, e "*broma*", alimento.

Atribui-se a tradição de presentear namorados com chocolate à iniciativa da princesa Maria Teresa, da Espanha, de ter enviado ao noivo, Luís XIV, da França, uma cesta com chocolates, na forma de coração.

OMISSÃO GOVERNAMENTAL
E DE LIDERANÇAS EMPRESARIAIS

Chama a atenção o cochilo histórico de nosso estado, incapaz, como tem sido, de aproveitar-se desse gosto brasileiro pelo chocolate e fidelidade ao produto nacional, para implantar uma poderosa indústria chocolateira no eixo Ilhéus-

Itabuna, centro de 85% de produção do cacau, no Brasil. Numa pesquisa feita com 2.000 consumidores, o chocolate brasileiro recebeu nota 8,6, contra 7,4 conferida ao produto importado. Mesmo quando a produção brasileira de cacau caiu de um quarto para 5% da produção mundial, a produção baiana de 100 mil toneladas/ano representa 85% da produção nacional. À frente do Brasil, encontram-se Costa do Marfim, Gana, Indonésia e Nigéria. É provável que nosso nacionalismo, bolivarianamente burro, venha impedindo a adoção das medidas necessárias para atrair os melhores fabricantes de chocolate do mundo, sediados na Suíça. Quando o cacau brasileiro não contiver as características requeridas por certa gama de consumidores, o problema será resolvido com a importação da matéria-prima adequada, não importando sua origem.

ESTRADA DO CHOCOLATE

Ligando Ilhéus a Uruçuca, o projeto da Estrada do Chocolate prevê a implantação de dois pórticos: um, saindo de Ilhéus, na direção de Uruçuca; o outro na saída da BR-101, também na direção de Uruçuca, berço do poeta Florisvaldo Matos. O propósito óbvio é o de atrair os turistas, despertando sua atenção para um produto dotado de tantos encantos. É aí que deveria ser instalada a indústria chocolateira com tecnologia suíça.

O uso do chocolate para vários fins e em diferentes momentos da vida humana explica o grande número de livros e filmes inspirados nas motivações que desperta.

APÊNDICE 2

RIO SÃO FRANCISCO

RIO DA INTEGRAÇÃO NACIONAL

O rio São Francisco nasce na serra da Canastra, entre os municípios de São Roque de Minas e Piumi, oeste de Minas Gerais, e desemboca na praia do Peba, no estado de Alagoas, à esquerda, e na praia do Cabeço, no estado de Sergipe, na margem direita, onde despeja, em média, 2.943m³/s, resultante da variação entre um mínimo de 1.077m³/s, e um máximo de 5.290m³/s. É o terceiro rio mais extenso do Brasil, com 3.163 quilômetros, do nascimento à foz. Sua bacia ocupa pouco mais de 640.000km², 7,5% do território nacional, abrangendo 521 municípios, equivalentes à soma das áreas do estado da Bahia e de Alagoas. Suas águas, de fundamental significado para o Semiárido, são de uso múltiplo, para abastecimento humano, irrigação, geração energética, piscicultura, navegação, turismo e lazer, concentrando a maior e mais diversa fauna de água doce da Região Nordeste, fator do mais relevante interesse para os 14,2 milhões de pessoas que aí habitam, representativos, também, de 7,5% da população brasileira, no ano de 2017.

Dentro desta grande bacia, a população se distribui de modo desigual, como é desigual a distribuição da renda *per capita*, concorrendo a Região Metropolitana de Belo Horizonte com o mais expressivo contingente humano. Apenas 20% dos municípios da região dispõem de esgotamento sanitário. A agricultura se destaca como a mais importante atividade econômica local. O Distrito Federal e os estados da Bahia, Minas Gerais, Pernambuco, Alagoas, Sergipe e Goiás contribuem para sua grande bacia hidrográfica. Em consequência das atividades humanas aí desenvolvidas, tem havido grande impacto ambiental, afetando, sobretudo, o regime de desempenho dos recursos hídricos, com a preocupante ocorrência de crescentes cheias, que afetam os moradores da Região Metropolitana de Belo Horizonte, alternando com secas intensas, fator de desequilíbrio do sensibilíssimo Semiárido, cuja população vem migrando, esvaziando a ocupação da bacia, rica em recursos naturais e culturais que reclamam urgente inventariação, como fator de sua preservação e atração turística. Responde por considerável parcela da geração de energia do país e é navegável na maior parte do seu curso, proporcionando o transporte de cargas e pessoas. Várias quedas d'água, como a Cachoeira Grande, a Cachoeira de Pirapora, a Cachoeira de Sobradinho, Cachoeira de Paulo Afonso, uma das mais altas do mundo, com 82 metros de altura, e Itaparica, são responsáveis pelas hidrelétricas de Três Marias, Sobradinho, Paulo Afonso, Xingó e Itaparica, que abastecem o Nordeste e parte de Minas Gerais, cabendo aos reservatórios de Três Marias e Sobradinho o maior papel na regularização do fluxo das águas ou vazões. Até agora, do potencial hidrelétrico da bacia foram instalados 10.500mw, distribuídos entre as usinas de Três Marias, Queimado, Sobradinho, Paulo Afonso, Itaparica e Xingó.

O crescimento da agricultura, a pretendida revitalização da navegação, o aumento da demanda energética e a retirada de água da bacia por transposição são temas que podem gerar conflitos entre os setores usuários. Em 2005, a ANA concedeu outorga para o Projeto de Integração do rio São Francisco (Pisf), que prevê duas captações (Eixo Norte e Eixo Leste) no São Francisco, para complementar a oferta de água local no Ceará, Rio Grande do Norte, Paraíba e Pernambuco. A captação do Eixo Norte está prevista para ser implantada em Cabrobó (PE), na calha do rio, e a do Eixo Leste, em Floresta (PE), no reservatório da hidrelétrica de Itaparica.

A expressiva importância econômica do Velho Chico compreende, também, a irrigação de plantações e pesca, de grande significado para as populações ribeirinhas, que ajustam suas atividades às características do solo local que varia de arenoso a argiloso, descartados os solos salinos ou os excessivamente arenosos, por imprestáveis para a agricultura. As margens e as ilhas do rio são formadas por solos transportados, chamados de aluviões, tradicionalmente utilizados pelos ribeirinhos, nas vazantes, para culturas de subsistência, como a mandioca, o milho, o feijão e a batata.

A vegetação da bacia do São Francisco é formada pelos elementos florais do Cerrado, no Alto e Médio; da caatinga, no Médio e Submédio; e da Mata Atlântica, no Alto, sobretudo nas nascentes. Nas zonas úmidas, encontramos a presença de matas altas e densas, inclusive as chamadas "madeiras de lei", com a presença dominante de caducifólias, nas regiões de boa precipitação, dotadas de solos férteis, em razão de sua profundidade, a exemplo dos vales dos rios Carinhanha, Corrente e Grande, na Bahia, e do Verde

Grande que corta Minas e a Bahia. Nos terrenos alagadiços, abundam frutos e sementes que compõem a dieta dos peixes de água doce.

O rio, em seu percurso, corta áreas caracterizadas por diferentes climas, vegetações e relevos. Nas proximidades das nascentes e da foz, as chuvas são relativamente abundantes, rareando nos outros pontos, onde o clima é muito seco. O Velho Chico percorre extensas regiões semiáridas, com pouca chuva e afluentes temporários, não perdendo, porém, sua perenidade, graças ao contributo de seus afluentes, do centro de Minas Gerais. Em toda a sua extensão, conta com um total de 168 afluentes, 90 em sua margem direita e 78 na margem esquerda.

EXPLORAÇÃO DO VALE DO SÃO FRANCISCO

O rio São Francisco possui sensível importância econômica, social e cultural para os estados banhados por ele. Foi batizado com este nome porque foi visto, pelos portugueses, pela primeira vez, no dia 4 de outubro, dia de São Francisco, em 1501, em expedição de reconhecimento comandada por Gonçalo Coelho e o famoso cartógrafo italiano Américo Vespúcio, que deu nome ao continente americano. Essa mesma expedição, menos de um mês depois, faria o registro do "achado" da baía, batizada de Todos os Santos, por ter ocorrido a 1º de novembro. Uma nova expedição, em 1503, mais uma vez comandada por Gonçalo Coelho, com Américo Vespúcio também a bordo, exploraria a foz do rio, aguerridamente protegida pelos nativos que o chamavam de *Opará*, que significa rio-mar.

Maior curso dágua, do nascimento à foz, em território brasileiro, por isso mesmo, é denominado de Rio da Unidade Nacional ou da Integração Nacional. Essa antonomásia decorreria do uso que dele fizeram as entradas e bandeiras, nos séculos XVII e XVIII, como rota de penetração, do litoral ao interior, das novas terras, ensejando a integração harmônica de todas as correntes étnicas de que se compõe o Brasil, unindo as camadas humanas nativas às novas, aqui aportadas, oriundas da Europa e da África. Outra alcunha, Rio dos Currais, nasceria do uso do seu curso para levar o gado bovino do Nordeste para Minas Gerais, com maior intensidade no alvorecer do século XVIII, quando à região afluíram multidões atraídas pelo ímã do ouro que fez a fama das Minas Gerais. Ocorreu que, com a expansão da cana-de-açúcar no litoral nordestino, o gado passou a pastar nas margens do rio, a partir do final do século XVI, consolidando-se nos cem anos seguintes, de tal modo que o rio foi chamado de rio dos Currais. Nilo Brasileiro e Rio das Borboletas são também nomes atribuídos ao Velho Chico, em diferentes lugares.

COLONIZAÇÃO DO VALE DO SÃO FRANCISCO

O Alto São Francisco só seria colonizado a partir da descoberta do ouro, em 1698, no local que viria a se chamar Ouro Preto. Até então, a região era, apenas, atravessada por exploradores, sem o apoio de qualquer povoamento. A prosperidade proporcionada pelo ouro promoveu o desenvolvimento do Alto São Francisco, quando pessoas originárias do Sudeste ali vieram se estabelecer, ao lado de gente provinda de Recife e de Salvador. A descoberta de ouro em Jacobina, na Bahia, nas cabeceiras do rio Salitre, veio somar-se à corrida pelo cobiçado metal. A descoberta de ouro em Goiás, entre vinte e trinta anos mais tarde, intensificou a presença humana no Alto São Francisco, resultando no povoamento do Piauí, Maranhão e Ceará, enquanto, no Baixo, as ocupações eram dificultadas pela ação hostil, isolada ou conjunta, de índios e quilombolas.

Mais uma vez o Velho Chico foi de fundamental importância para integrar o Brasil, ao ligar o Nordeste às regiões Sudeste, Leste e Centro-Oeste.

CURSO DO VELHO CHICO

Ao atravessar cinco estados – Minas, Bahia, Pernambuco, Alagoas e Sergipe –, o Velho Chico, com uma declividade média de 8,8cm/km, e a uma velocidade de 0,8m/s, medida entre Pirapora e Juazeiro, banha 521 municípios, distribuídos em sua vasta e ambientalmente diversificada bacia de 641.000km^2.

O Vale do São Francisco é uma depressão que se alonga, a partir da serra da Canastra, em Minas Gerais, formada pela serra do Espinhaço, a leste, e a serra geral, a oeste, em altitudes que ficam entre mil e mil e trezentos metros acima do nível do mar. Mais abaixo, margeado pela chapada do Araripe, o vale toma a direção leste, descendo para 800 metros de altitude, dividindo suas águas com o vale do Cariri, no Ceará. Ao sul, o vale se limita com a bacia dos rios Tucano e Vaza-Barris, que abriga o raso da Catarina.

Seu nome indígena é *Opará* ou *Pirapitinga*. *Opará* significa "rio-mar", na língua dos índios que habitavam sua foz. Entre os principais afluentes se sobressaem os rios Paraopeba, Abaeté, rio das Velhas, Jequitaí, Paracatu, Urucuia, Verde Grande, Carinhanha, Corrente, Grande, Pará, Pajeú e Salitre.

É navegável em 55% do seu percurso, dividido em dois trechos: o primeiro, no curso médio, entre Pirapora, em Minas, e na divisa entre Juazeiro, na Bahia, e Petrolina, em Pernambuco, com cerca de 1.370km, e o segundo, no baixo curso, entre Piranhas, em Alagoas, até o mar, com cerca de 210km. No Médio São Francisco, a navegação é exercida pela Franave, com frota adaptada às condições da via.

Seis usinas hidrelétricas energizam e perenizam suas águas, ainda que a um grande custo ambiental, em que sua rica ictiofauna tem sido seriamente comprometida, como evidenciou a novela da Rede Globo *O Velho Chico*. As chuvas que caem nos municípios de Minas Gerais, representativos de 37% da área territorial de sua bacia, respondem por 75% da precipitação que alimenta o rio. Muito seco nos cursos médio e submédio, a pluviosidade melhora nas proximidades da foz. A presença dominante, em sua bacia, de aluviões, arenitos e calcáreos, operando como esponjas para reter as águas, liberando-as, gradativamente, nos meses estivais, garante a declinante perenidade do rio, apesar da intensa evaporação ao longo do Semiárido que atravessa, agravada pelo caráter temporário dos afluentes da margem direita. Explica-se a ansiedade com que as populações ribeirinhas aguardam a estação chuvosa, entre os meses de outubro e abril, sucedendo a estação seca, que se estende de maio a setembro.

É inegável, portanto, a importância histórica, social, econômica e cultural do grande rio para as comunidades ribeirinhas, de que são prova os romances, as lendas, as poesias e canções nele inspirados. As principais mercadorias, hoje, por ele transportadas são cimento, sal, açúcar, arroz, soja, manufaturas, madeira e gipsita. No baixo e médio São Francisco, promove-se o transporte de turistas em embarcações equipadas com caldeiras a lenha. Atualmente, o rio está sendo transposto, projeto polêmico que divide opiniões.

UM POUCO DE HISTÓRIA

Em 1522, o primeiro donatário da capitania de Pernambuco, Duarte Coelho Pereira, fundou a cidade de Penedo, pioneiro núcleo povoador das margens, a cerca de 40 quilômetros da costa, no posteriormente criado estado de Alagoas. A localização estratégica do povoado levou os holandeses a construírem um forte, aí, em 1637. Mais de um século antes, em 1526, os franceses estiveram na foz do grande rio, daí porque a pequena baía ali existente recebeu o nome de Porto dos Franceses. Nas proximidades dela, o primeiro bispo do Brasil, d. Pero Fernandes Sardinha, depois de sobreviver a um naufrágio, em 1556, foi preso e devorado pelos índios caetés, episódio que levou o padre Palmeiras, alagoano radicado na Bahia, deputado à Assembleia Legislativa e secretário da Educação, no governo Lomanto Júnior, orador ousado, a dizer na saudação que fez, na catedral basílica de Salvador, ao cardeal d. Avelar Brandão Vilela – também nascido em Alagoas –, ao ensejo do transcurso de 25 anos de sua elevação a bispo –, que com a sua vinda a Salvador "Alagoas pagava aos baianos, com juros e correção monetária, o bispo baiano que comeu".

A colonização do Médio São Francisco se fez em duas épocas, um século depois da outra. Bom Jesus da Lapa foi um dos primeiros núcleos de colonização, edificado por uma expedição originária de Olinda, entre 1534 e 1550, em torno do qual novos moradores foram se agrupando, ao longo dos séculos seguintes, estimulados, sobretudo, pela pecuária bovina, autorizada pela Coroa em 1543, e pelas lendas em torno da abundância de ouro e de pedras preciosas. Os índios pancararus, atikum, kimbiwa, truká, kiriri, tuxás e pancararés, nativos da região, representavam perigo nada negligenciável. O primeiro governador-geral do Brasil, Tomé de Souza, cumprindo ordens do rei de Portugal, d. João III, confiou a Francisco Bruza de Espinosa o comando da primeira entrada de penetração do rio, em 1553, levando a bordo o jesuíta João de Azpilcueta Navarro.

Dessa excursão resultaram os primeiros testemunhos escritos sobre o Velho Chico e a frustração da ausência das riquezas que esperavam encontrar, como o fizeram os hispânicos em terras sob a sua dominação, a exemplo do México e do Alto Peru.

Mais tarde, Duarte Coelho Pereira enviaria uma expedição náutica, para trocar mercadorias com os nativos (escambo), que penetrou pela foz, onde encontrou resistência de aventureiros franceses, ali acampados. Expulsos os franceses, a expedição avançou algumas léguas rio adentro. Poucos anos depois, a partir de 1560, aí mesmo, um irmão e um filho de Duarte Coelho Pereira sustentariam e venceriam uma guerra de cinco anos contra os caetés.

Ao longo dos últimos anos do século XVI, vários exploradores contribuíram para a acumulação de conhecimentos sobre o grande rio e sua bacia, como Vasco Rodrigues de Sousa, Marco de Azevedo e João Coelho de Sousa. Sebastião Alves, legitimado pelo governador Luís de Britto, empreendeu uma fracassada expedição de exploração do rio. Igual desenlace tiveram as expedições comandadas por Gaspar Dias de Ataíde e Francisco Caldas. Em 1590, Cristóvão de Barros explorou todo o Baixo São Francisco, indo até as quedas de Paulo Afonso, fixando a base de defesa contra potenciais invasores, os franceses à frente.

LENDAS E MITOS

Todo rio desperta nas populações ribeirinhas os mais diferentes sentimentos que conduzem à criação de lendas e mitos que, por sua vez, passam a exercer grande influência no perfil cultural dessas comunidades. Com o Velho Chico não tem sido diferente, como podemos perceber dos exemplos a seguir.

A mais interessante, talvez, das histórias, concebidas pelo imaginário popular explica o surgimento do Rio, do seguinte modo: entre as várias tribos que viviam na região, havia uma linda índia de nome **Iati**, noiva de um valente e forte guerreiro. Um dia, todos os varões foram chamados para pelear numa guerra distante. Eram tão numerosos que os seus passos abriram um grande sulco na terra. Saudosa do seu prometido, Iati chorou tão copiosamente que suas lágrimas rolaram pelo chapadão, despencando serra abaixo, até cairem no sulco formado pela marcha dos guerreiros, daí ganhando o caminho do mar, formando, assim, o grande Rio.

O SONO DO RIO

No Médio São Francisco predomina a crença de que, à meia-noite, as águas do rio e todos os seres que nelas habitam, dormem profundamente, por alguns minutos, inclusive as almas que se afogaram. Os peixes, entorpecidos, se deixam arrastar pela correnteza, os répteis perdem o veneno, sendo extremamente perigoso acordá-los. Quem o fizer provocará inundações e naufrágio das embarcações, impedidas de singrar as águas pelo acúmulo dos cadáveres flutuantes. Durante essa dormência geral, as almas dos afogados dialogam com as estrelas, enquanto a mãe d´água emerge e se senta nas pedras, para enxugar seus longos e lisos cabelos.

O **Nego d'Água** é um anfíbio que avança pouco terra adentro, cabeçudo e atarracado, que mora nas pedras do rio, dedicado a escavar as locas na base dos barrancos, provocando o desmoronamento das margens, e com isso, alargando as águas. Para espantá-lo, os beiradeiros jogam cacos de vidro nesses locais. Quando antipatiza com um pescador, o Nego d'Água afasta os peixes para longe de sua rede. A exemplo do que fazem com o caipora, os pescadores jogam fumo nas águas para acalmá-lo. Tanto que quando os trabalhadores ribeirinhos, estafados, caem em sono profundo, o Neguinho d'Água lhes surripia fumo e beiju. Quando flagrado, em terra ou no rio, transmuda-se, rapidamente, em outro animal para fugir à sua identificação. Os casos do gênero abundam. Há um ou mais exemplares do Nego d'Água, conforme as diferentes regiões; a crença tranquiliza as mães quanto ao risco de seus filhos menores se aproximarem da margem do rio, sem a companhia de um adulto. É verdade que essa e outras crenças vão perdendo força à proporção que se universaliza a interação de gente de toda parte com o Velho Chico.

O **Minhocão** ou **Surubim Rei** é uma variação do Nego d'Água, que manda e desmanda na vida do rio, na vontade dos peixes e das águas. Segundo a crença de muitos, o Minhocão é um surubim de trezentos anos que se enraivou por haver perdido as barbatanas, tornando-se roliço. Vinga sua dor virando as embarcações e comendo os demais peixes. Gesta os monstruosos porcos d'água, com cara de porco e o resto de peixe, que habitam as águas profundas, de onde saem para derrubar os barrancos, destruindo as plantações de vazante.

A **Mulher de Gorro Vermelho** é outra crença que povoa a imaginação popular. Ela se senta no peito dos que dormem de papo para cima. Daí o aconselhamento a que são submetidos os que visitam a região para evitar essa postura relaxada. Apesar dos riscos, há a possibilidade de enriquecimento dos que conseguirem tirar suas vestes. Quem o fizer, te-la-á como escrava dedicada a lhe satisfazer todos os desejos, como aconteceu a um beiradeiro que ficou rico e saciado nos jogos do amor.

DOMÍNIO DA REGIÃO

O domínio da região viria a consolidar-se a partir de 1595, quando Melchior Dias Moreira, descendente de Caramuru, penetrou pelas águas do rio, atropelou os índios que morreram ou fugiram para as partes altas da bacia, então inacessíveis aos europeus, e fundou os primeiros arraiais que serviram de apoio para a efetiva ocupação que se deu por meio do sistema de sesmarias. Esses cuidados não foram suficientes para impedir a ação de invasores, como os holandeses que, em 1637, tomaram o povoado de Penedo, atraente por sua localização estratégica nas proximidades da foz do rio, onde construíram o forte Maurício, em homenagem a Maurício de Nassau, reconquistado pelos portugueses, oito anos depois, em 1645.

As missões religiosas, lideradas por frades capuchinhos bretões, a partir de 1641, foram, também, fator importante na ocupação lusitana. Esses franciscanos tiveram que enfrentar descendentes de Garcia d'Ávila que não observavam limites na imposição de sua vontade despótica aos aborígenes, o que dificultava, a ponto de interromper, o avanço da ação catequética das missões.

O rio São Francisco atravessava terras que foram cedidas à Casa da Torre, de Garcia d'Ávila, e à Casa da Ponte, de Antônio Guedes de Brito. As terras de Garcia d'Ávila se estendiam por mais de 400 km, entre os rios Parnaíba, no Piauí, e o São Francisco, na Bahia. Para ocupá-las, Garcia d'Ávila, que morava no litoral norte de Salvador, na praia do Forte, mandou construir, a intervalos regulares, uma choupana e um curral que, com vinte vacas e um boi, deixava a cargo de um casal de escravos.

A Casa da Ponte, por seu turno, recebeu uma sesmaria com 960 quilômetros de margem de rio, a partir do atual município de Jacaraci, na Bahia, até as nascentes do rio das Velhas, em Minas Gerais. Entre os bandeirantes que esquadrinharam o São Francisco e seus afluentes encontram-se – ao lado de Fernão Dias Paes Leme –, Lourenço de Castanho, Domingos Jorge Velho, Domingos Sertão, Domingos Mafrense, Matias Cardoso e Borba Gato. Domingos Mafrense explorou vários afluentes, tendo chegado às nascentes do rio Parnaíba. À proporção que os bandeirantes se instalavam nessas regiões e com a ajuda das cheias, que fertilizavam as áreas ribeirinhas, foram surgindo outras atividades econômicas, como o plantio de arroz, o comércio do sal, usado para apressar a engorda do gado, e o transporte de mercadorias entre o litoral e o interior.

Com o adensamento do tráfico de escravos, surgiram os quilombos que se somavam às resistências dos nativos para dificultar a vida dos reinóis. O mais famoso deles, o Quilombo dos Palmares, deu berço a Zumbi dos Palmares, símbolo máximo da consciência negra no Brasil, ainda que muito abaixo, em matéria de valor humano, de Luis Gonzaga Pinto da Gama, uma das maiores figuras da humanidade em todos os tempos, patrono dos advogados criminalistas e trabalhistas, nascido na Bahia e morto em São Paulo, em 1882, aos 52 anos, filho da legendária Luiza Mahin, desaparecida na esteira da Sabinada, movimento insurrecional ocorrido em Salvador, Bahia, em 1837. Luis Gama foi vendido como escravo pelo próprio pai, aos 10 anos de idade.

VIA DE TRANSPORTE

Ao lado do rio das Velhas, o São Francisco era a via natural do escoamento de riquezas nos dois sentidos, inclusive para o litoral e para Portugal. Os barcos que transportavam, rio acima, produtos de consumo, retornavam com ouro, logo atraindo assaltantes que, não raro, se homiziavam nas aldeias tribais ribeirinhas. Algumas das bandeiras formadas para reprimir o crime organizado – embrião do Mensalão e da Lava-Jato –, praticaram verdadeiros genocídios, como os que destruíram as aldeias Itapiraçaba, dos índios caiapós, e a dos Guaiabas.

Com o declínio da mineração, na volta do século XVIII para o XIX, a agricultura atraiu moradores dos núcleos urbanos, esvaziando-os.

Caberia a dom Pedro II contratar o engenheiro francês Emmanuel Liais e, em seguida, o alemão Henrique Halfeld para realizarem os mais importantes estudos sobre as possibilidades socioeconômicas do Velho Chico e de sua bacia.

TRANSPOSIÇÃO DO SÃO FRANCISCO

É antiga a proposta de levar águas do São Francisco para atender necessidades vitais de populações que ocupam áreas do Semiárido de estados nordestinos, excessivamente carentes do precioso líquido, sobretudo, do Ceará, da Paraíba e do Rio Grande do Norte, estados que não contam com rios perenes, daí resultando o compreensível desejo de suas populações de perenizar alguns rios através da transposição, contra a vontade dos estados doadores, Minas Gerais e Bahia à frente. A resistência ao projeto era robustecida com a denúncia de que só iria beneficiar os grandes latifundiários dos estados receptores, além, obviamente, das cidades localizadas na área de influência dos canais. Para neutralizar essa ameaça, o Incra foi encarregado de assegurar a extensão dos benefícios aos pequenos e médios proprietários de terras ribeirinhas.

RETROSPECTO HISTÓRICO DA TRANSPOSIÇÃO

O assunto foi aventado pela primeira vez em 1847, sob o imperador dom Pedro II. A partir de então, o tema esteve adormecido nas pautas governamentais, voltando a ser tratado em 1943, no governo do ditador Vargas. Só, porém, no governo do ditador João Batista de Figueiredo (1979-1985), com Andreazza como ministro do Interior, o assunto viraria projeto, elaborado pelo extinto DNOS – Departamento Nacional de Obras e Saneamento. Em agosto de 1994, Itamar Franco retomou o tema que seria denominado, nos anos de governo petista, de "Projeto de Integração do rio São Francisco com Bacias Hidrográficas do Nordeste Setentrional", depois que Fernando Henrique Cardoso criou, em 2001, o Comitê da Bacia Hidrográfica do Rio São Francisco (CBHSF) e o Projeto de Conservação e Revitalização da Bacia Hidrográfica do São Francisco – PCRBHSF. O polêmico projeto, que cobre, apenas, 5% do Semiárido, e atende a 0,3% da população, orçado, inicialmente, em R$ 6,8 bilhões para construir dois canais de concreto, totalizando 700km de extensão, foi reajustado para R$ 8,5 bilhões, em 2015. Como ocorreu com quase todas as obras superfaturadas dos governos petistas, o valor final deverá ficar ainda mais alto. Prevista, inicialmente, para 2012, a conclusão tem sido sucessivamente adiada, sendo incerta em agosto de 2018, quando escrevemos estas linhas. Registre-se que a região do Baixo São Francisco, entre Paulo Afonso e a foz, possui municípios com os piores Índices de Desenvolvimento Humano do país. A prosperidade alcançada em cidades como Juazeiro, na Bahia, menos, e Petrolina, em Pernambuco, mais, com a crescente produção de frutos de exportação e de vinhos de boa qualidade, deve servir como estímulo e modelo à superação da pobreza nas comunidades ribeirinhas. Até porque as áreas mais favoráveis à agricultura se encontram às margens do rio, razão maior da presença, aí, da maioria da população do vale. Esta é uma das poucas regiões do mundo que conta com duas safras anuais de uvas.

NAVEGABILIDADE

A hidrovia do Velho Chico, que vai de Pirapora, ao sul, até Juazeiro e Petrolina, ao norte, integra o Corredor de Exportação Centro-Leste, ao lado de estradas e ferrovias que cortam sua zona de influência, facilitando sua integração aos mais importantes centros econômicos do país. A navegabilidade no Baixo São Francisco se realiza ao longo de 208km, entre a cidade de Piranhas e a foz, palco de crescente navegação turística. O Velho Chico oferece condições de navegação durante todo o ano, graças a um regular serviço de dragagem, variando o seu calado de acordo com o regime das chuvas.

Pirapora abriga o seu mais importante porto, seguido dos portos de Petrolina e Juazeiro. Rodovias e ferrovias fazem a interligação com os portos marítimos de Vitória, Rio de Janeiro, Santos, Salvador, Recife e Suape. Os principais produtos transportados por suas águas são cimento, sal, açúcar, arroz, soja, madeira e gipsita, sem falar em sua crescente utilização por pessoas, sobretudo turistas, deslumbradas com os seus cânions. Entre os barcos que fizeram história nas águas do Velho Chico, podemos destacar os navios gaiolas *Benjamin Guimarães, Barão de Cotegipe, Raul Soares, Jansen*

Melo. Por mais de 100 anos, 45 vapores sustentaram a navegação do rio, entre Pirapora e Juazeiro, realizando grande intercâmbio cultural que aproximou pessoas e interesses de várias origens. Alguns afluentes integraram a rede, interligando-se ao Velho Chico, como o São Marcelo, e o rio Preto. O governador da Bahia, José Marcelino de Souza, declarava-se apaixonado pelo rio.

REVITALIZAÇÃO

A epopeia natural do São Francisco está ameaçada de fim trágico pelo mau uso sistemático de seus recursos. Em setembro de 2014, o Brasil tomou conhecimento de que secara a principal fonte da nascente do rio, em São Roque de Minas, ameaçando a estabilidade das usinas hidrelétricas implantadas no seu curso e comprometendo a biodiversidade e a qualidade de sua água.

Problemas de natureza vária vêm afetando a vida do rio, em suas múltiplas dimensões, como o assoreamento que compromete a navegabilidade, o desmatamento da bacia e das margens, a poluição, a pesca predatória, as queimadas, o garimpo e a irrigação imprópria. O Velho Chico clama por um tratamento que o salve da morte. Sua preservação é um imperativo econômico e dever moral da atual para com as futuras gerações.

A pesca no rio, apesar de tudo, ainda sustenta comunidades inteiras. O desmatamento para a extração de lenha, conjugado com a poluição de suas águas, pelo despejo de resíduos domésticos e industriais, e a construção das usinas hidrelétricas fizeram com que muitos pescadores abandonassem a profissão. Com a produção de arroz, no Baixo São Francisco, vem ocorrendo o mesmo fenômeno. A implantação das hidrelétricas, sem os devidos cuidados para preservar as atividades preexistentes, é apontada como a principal causa das profundas mudanças sofridas pelo rio, que tem no turismo fluvial um poderoso ativo, incapaz, no entanto, por si só, de compensar as grandes perdas. A adoção de medidas redentoras, de longo prazo, é obstaculada pelas necessidades imediatas das populações ribeirinhas. Como em tudo que afeta a qualidade da vida nacional brasileira, a falta de um plano de ação adequado é o principal obstáculo aos avanços necessários. De olho no calendário eleitoral, os políticos votam pensando na próxima eleição, com o sacrifício dos interesses da próxima geração. Essa postura reiterada é a maior de todas as tragédias nacionais.

Diante do imobilismo da União, cabe à Bahia o papel de liderar um movimento nacional para colocar em prática um programa consistente para salvar o Rio da Unidade Nacional.

Em dezembro de 2017, promovemos um encontro, sugerido pelo ex-deputado Galdino Leite, destinado a buscar soluções para o magno problema. Estiveram presentes o presidente da Assembleia Legislativa da Bahia, deputado Ângelo Coronel e senhora; o acadêmico Edivaldo Machado Boaventura, representando o Instituto Geográfico e Histórico da Bahia; Adary Oliveira, presidente da ACB – Associação Comercial da Bahia; Ricardo Alban, presidente da Fieb – Federação das Indústrias do estado da Bahia; Walter Pinheiro, presidente da ABI – Associação Baiana de Imprensa; Marluce Moura, representando a UFBA – Universidade Federal da Bahia, e o autor destas linhas, representando a ALB – Academia de Letras da Bahia.

APÊNDICE 3

O TURISMO NA BAHIA

Entre os vários segmentos que compõem o universo das potencialidades econômicas do estado da Bahia, o turismo é, sem dúvida, não obstante ser o mais promissor, o de mais baixo aproveitamento. Ao tempo em que dispomos de uma larga avenida de possibilidades a percorrer, caminhando para a frente, ao revés, passamos a andar para trás, como caranguejos.

Dotado dos elementos clássicos que atraem turistas de todo o mundo, como sol, mar e sensualidade (o trio sss: *sex, sea and sun*, em inglês), o estado da Bahia tem clima, história, arte e natureza exuberantes, além de uma baía, a de Todos os Santos, sem rival no Brasil e no mundo, pelo conjunto de seus raros atributos. A temperatura média da Bahia, oscilando entre mínimas abaixo dos 10º, nas regiões altas, e elevadas, acima de 35º graus, no Semiárido e nas regiões baixas, nos períodos estivais, situa-se entre 24º e 27º, um verdadeiro paraíso para os que amam a vida ao ar livre. A Bahia é um dos estados mais ricos do país, em matéria de história, paisagens naturais, música, literatura, poesia, folclore e artes, em geral, além de uma miscigenação que faz de Salvador a maior cidade negra fora do continente africano.

Da Bahia saíram para ganhar o Brasil nomes como os do padre Antônio Vieira, Gregório de Matos de Guerra, o visconde de Cairu, Luis Gonzaga Pinto da Gama – o Mandela brasileiro –, Junqueira Freire, Castro Alves, Rui Barbosa, Cézar Zama, Teixeira de Freitas, Teodoro Sampaio, André Rebouças, Juliano Moreira, Manuel Querino, Altamirando Requião, Nestor Duarte, Nelson de Souza Sampaio, Aloísio de Carvalho Filho, Estácio de Lima (nascido em Alagoas), Raul Chaves, Orlando Gomes, Edison e Nelson Carneiro, Calmon de Passos, Ernesto Carneiro Ribeiro, Afrânio Peixoto, Pedro Calmon, Hermes Lima, Anísio Teixeira, Amélia Rodrigues, Adonias Filho, Jorge Amado, os irmãos Francisco, João e Otávio Mangabeira, Eugênio Gomes, Domingos Borges de Barros, Dias Gomes, Euclides Neto, Camilo de Jesus Lima, Jorge Medauar, Hélio Pólvora, João Ubaldo Ribeiro, Xavier Marques, Wilson Lins, Herberto Salles, Glauber Rocha, Thales de Azevedo, Myriam Fraga, Jaime de Sá Menezes, Ildásio Tavares, Affonso Manta Alves Dias, Alberto Guerreiro Ramos, Germano Machado, Dorival Caymmi, mestres Bimba e Pastinha e irmã Dulce, para ficarmos, apenas, em alguns dos mortos mais conhecidos.

Da importância histórica da Bahia, basta dizer que foi aqui que aportaram os portugueses, no episódio do achamento, sendo Salvador a capital do Brasil durante os 214 anos compreendidos entre 1549 e 1763. A criação do arcebispado em 1551 sediou em Salvador o mais extenso comando das atividades do cristianismo em todo o mundo, ao abranger os continentes americano e africano, prerrogativa ainda presente no reconhecimento do chefe da Igreja na Bahia, independentemente do seu posto na hierarquia do catolicismo, como arcebispo primaz do Brasil. A presença hegemônica de baianos na política brasileira se prolongou até o fim do Império e começo da República, graças, em grande medida, ao prestígio solar desfrutado por baianos influentes, como José da Silva Lisboa – o visconde de Cairu –, Zacarias de Góes e Vasconcellos, José Maria da Silva Paranhos – visconde do Rio Branco, pai do legendário homônimo, o barão do Rio Branco –, o senador Joaquim Jerônimo Fernandes da Cunha, o homem que apresentou Castro Alves a José de Alencar, Rui Barbosa e José Joaquim Seabra.

É reconhecida a contribuição da Bahia no campo das artes, em geral, figurando sua música popular entre as mais aclamadas dentro e fora do Brasil, pela qualidade dos seus compositores e cantores. Na seara da literatura, desponta com alguns nomes sem rivais nos seus respectivos domínios, como Castro Alves, na poesia, Rui Barbosa, na oratória, e Jorge Amado, no romance.

A culinária baiana é, de longe, a mais saborosa e variada entre todas as unidades da federação, como está ricamente catalogado na trilogia ciclópica de Guilherme Radel: *A cozinha praiana da Bahia; A cozinha sertaneja da Bahia* e *A cozinha africana da Bahia*.

A Bahia se afirma, também, pelos seus mais de mil quilômetros de praias ensombradas de coqueirais, de águas tépidas, agradáveis para o banho nas 24 horas de todos os dias do ano. O turismo ecológico tem na estabilidade da temperatura mediana, na topografia variada, na flora e na fauna da Chapada Diamantina um componente que deslumbra os visitantes. Recorde-se que foi aí onde imperou Horácio de Matos, do começo do século XX até sua morte em maio de

1932, assassinado no largo Dois de Julho, aos 49 anos de idade. Ele foi o maior chefe de jagunços da história brasileira. A Coluna Prestes sofreu em Lençóis, imposto por ele, o único revés ao longo de sua marcha épica.

Os exploradores de cavernas elegem a Bahia como o paraíso da espeleologia. Centrado no município de Juazeiro, expande-se o polo frutífero e vinícola. Partindo do lago de Sobradinho, baixa-se em eclusa ao leito do São Francisco, numa operação semelhante à exigida para as embarcações navegarem, nos dois sentidos, entre os oceanos Atlântico e Pacífico, através do canal do Panamá. Daí fazendo-se, em gaiolas, inesquecível percurso de cinquenta quilômetros, até a ponte que liga Juazeiro, na Bahia, a Petrolina, em Pernambuco. O município Luís Eduardo Magalhães, antigo Mimoso, nas proximidades de Barreiras, no oeste baiano, lidera a produtividade agrícola brasileira. Saindo de Paulo Afonso, chega-se aos surpreendentes cânions do Velho Chico no trecho que separa os estados de Alagoas e Sergipe.

SALVADOR

É sem rival o acervo de atrações que interessa os que visitam Salvador, a começar por suas igrejas centenárias e a arquitetura de alguns dos seus edifícios mais antigos. O conjunto arquitetônico do Pelourinho, o maior do gênero, em todo o continente americano, encanta moradores da cidade e visitantes, com potencial para impressionar, ainda mais, bastando, para isso, um programa regular de recuperação e preservação do velho casario, além de uma vigilância policial que dê segurança aos transeuntes que se deixam levar pelo embalo cênico do entorno. Como a cidade mais negra do mundo, fora do continente africano, Salvador é o espaço ideal para os estudos de nossas origens, inclusive das religiões que, mescladas ao cristianismo, compõem surpreendente sincretismo religioso, objeto de crescente interesse das ciências sociais. Os terreiros de candomblé atraem, desde sempre, visitantes sofisticados das mais diferentes procedências.

BAÍA DE TODOS OS SANTOS, OU *KIRIMURÊ*, NA LÍNGUA NATIVA

A baía de Todos os Santos, BTS, *Kirimurê* (Grande mar interior), em língua nativa, uma reentrância na costa baiana, é, talvez, o exemplo mais visível de como o estado da Bahia não tem sabido explorar seu enorme potencial turístico. Maior baía do Brasil e a segunda do mundo, a de Todos os Santos deu nome ao estado, com um h no meio. Abriga um arquipélago com nada menos de 56 ilhas, dentre elas a de Itaparica, a maior ilha marítima do país, a dos Frades, a de Maré e a de Bom Jesus, além da Estação Ecológica da Ilha do Medo. Outras ilhas, mais ou menos conhecidas, são Madre de Deus, Matarandiba, Saraíba, Cajaíba, São João, Mutá, Olho Amarelo, Caraíbas, Malacaia, Porcos, Carapitubas, Canas, Ponta Grossa, Fontes, Pati, Santos, Coqueiros, Itapipuca, Grande, Pequena, Madeira, Chegado, Topete, Guarapira, Monte Cristo, Coroa Branca e Uruabo.

O nome baía de Todos os Santos adveio da data de sua descoberta pela expedição comandada por Gonçalo Coelho, em 1º de novembro de 1501, dia de Todos os Santos, de acordo com o calendário da Igreja Católica. A expedição contava com a presença do legendário cartógrafo e escritor italiano Américo Vespúcio, cujo nome batizou o continente americano, fato pouco conhecido até pelos baianos de nível superior, e, por isso mesmo, não é passado aos turistas que ficariam naturalmente encantados ao tomarem conhecimento de que entre os achadores da grande baía encontrava-se o homem que deu nome ao continente americano. É muita vocação para o subdesenvolvimento tamanha propensão ao desperdício. Sobre a grande baía, larga e profunda, que encantou navegadores, piratas e colonizadores, do mesmo modo que despertou o mais intenso interesse do governo português por constituir magnífico ancoradouro natural e estratégica posição defensiva, com águas mansas e piscosas arrodeadas de terras ubérrimas, ficou famosa a frase, proferida no século XVIII, segundo a qual, por sua placidez e dimensões, seria capaz de servir de fundeadouro para todos os navios do mundo de então. O contorno da grande baía, medido a partir do farol da Barra, em Salvador, até a ponta dos Garcês, no município de Jaguaripe, defronte a Cachaprego, forma um semicírculo com 300 km de extensão. O espaço aberto que liga a baía ao oceano, entre o farol da Barra e a ponta dos Garcês mede 14 km. A baía de Todos os Santos é, em verdade, um pequeno golfo composto por três baías, sendo que a de Aratu abriga as instalações do porto do mesmo nome. Suas margens possuem uma das maiores reservas de petróleo em território continental brasileiro, refinado pela Refinaria Landulfo Alves. A borda leste da baía é íngreme formando uma escarpa tectônica, a escarpa de Salvador, o mais belo exemplar cristalino de fossa tectônica costeira existente em toda a América do Sul. Por possuir muitas vistas panorâmicas do alto da escarpa, a cidade de Salvador é conhecida também como cidade-belvedere. Ficou famosa a descrição feita por Rui Barbosa ao chegar de navio a Salvador: "Verde ninho murmuroso de eterna poesia, debruçado entre as ondas e os astros."

A baía é espaço perfeito para a prática de esportes náuticos, como esquiação, vela, remo, regata, canoagem, mergulho e *stand up paddle*. A procissão marítima do Bom Jesus dos Navegantes, no primeiro dia do Ano-Novo, é a mais antiga do gênero realizada no Brasil. A região possui uma grande diversidade floral, formada por Mata Atlântica, bananais, manguezais, coqueirais e recifes de corais.

O Decreto Estadual 7.595 (de 5 de junho de 1999) criou a APA Baía de Todos os Santos. Nela estão incluídas as águas da baía e suas ilhas, abrangendo os municípios do seu entorno.

Colosso de paisagem e história, a grande baía deu nome a uma das primeiras capitanias hereditárias e ao estado da Bahia. Com cerca de 1.200km^2, suas águas tépidas e transparentes, com profundidade média de 10 metros, e máxima de 70, oferecendo boa visibilidade de mergulho até os vinte metros, serviram, até meados do século XIX, como o maior berçário de baleias do Atlântico Sul, magnífico sistema natural desfeito pela ação predatória do bicho homem. Não foi à toa que sobre sua borda alcantilada se ergueu a formosa cidade do Salvador, a primeira capital do Brasil, logo denominada de Lisboa da América do Sul.

Este notável patrimônio natural, desde sempre festejado em prosa e verso, tem sido solenemente ignorado quanto às variadas e enormes possibilidades do seu aproveitamento para atividades ecologicamente limpas, geradoras de prazer, emprego e renda, para os municípios que sobre ele se debruçam, como, além de Salvador, Cachoeira, Candeias, Itaparica, Jaguaripe, Madre de Deus, Maragogipe, Salinas da Margarida, Santo Amaro, São Francisco do Conde, Saubara, Simões Filho e Vera Cruz. Isso em termos de proximidade geográfica imediata. Se considerarmos os que distam 10km de sua borda, aos treze mencionados, somaremos mais quatro municípios.

Este desprezo que decorre da falta de competência ou visão para aproveitar o potencial econômico da grande baía é uma extensão da síndrome do caranguejo que afeta o Brasil, em relação às possibilidades oferecidas pelo mar de que possuímos a maior costa num só oceano. Os Estados Unidos nos superam quando somam as extensões que dispõem na costa dos dois oceanos, o Pacífico e o Atlântico. Síndrome do caranguejo, porque, a exemplo desse saboroso crustáceo decápode e braquiúro, somos, historicamente, um povo que vive de costas para o mar.

Pela sua importância como força natural e agente despertador de múltiplos interesses, capaz de rivalizar com o que haja de mais atrativo no Brasil, a baía de Todos os Santos deveria merecer foco especial, tratada como unidade autônoma. Com uma exposição média solar de 2.600h anuais, podendo atingir picos de 3.200h, o Nordeste brasileiro é a região mais ensolarada do globo, acima do Caribe, que ocupa o segundo lugar com 2.400h, e nossa baía pode ser vitrine para sediar os lançamentos de todos os produtos ligados aos esportes náuticos, em escala planetária. Um vasto calendário esportivo, de caráter municipal, estadual, nacional e internacional pode e deve ser organizado para se desenvolver sobre suas águas, em diferentes pontos, ao longo de todo o ano.

A excelência estratégica do local foi decisiva para que ali Tomé de Souza viesse fundar a cidade de Salvador, em 1549, para sediar a primeira capital da colônia portuguesa, onde operou um dos maiores portos exportadores e distribuidores do Hemisfério Sul, com a Europa e as comunidades do Prata. Explica-se por que Salvador foi o destino de desembarque de grande número de escravos africanos.

CLUBE DAS MAIS BELAS BAÍAS DO MUNDO

A baía de Todos os Santos foi declarada sede da Amazônia Azul (extensão de 4,5 milhões de km^2 de território molhado que se soma aos 8,5 milhões de km^2 de espaço continental) no dia 25 de setembro de 2014, durante o I Fórum Internacional de Gestão de Baías, realizado no Palácio da Associação Comercial da Bahia (ACB), em Salvador. A proposta foi a de estabelecer um marco mundial de debates sobre a economia do mar, inteligência naval e cadeia produtiva. Estimular o ambiente econômico-cultural, preservando o meio ambiente, tudo em parceria com diferentes entidades como Federação das Indústrias, Associação Comercial, Federação do Comércio, Sebrae, orgãos da administração pública estadual e municipais, no sentido de criar uma Agência de Gestão da BTS. Para orientar o cumprimento de tão desejável desiderato há modelos a seguir, como os que existem para gerir os recursos da baía de São Francisco, no estado da Califórnia, e da baía de Chesapeak, no estado de Maryland, na Costa Leste dos Estados Unidos, como a cada passo reitera Eduardo Athayde, diretor da Associação Comercial da Bahia e do Worldwatch Institute do Brasil, observando que "o rápido crescimento desintegrado dos municípios da área de influência socioeconômica da BTS está nos levando ao caos. Um sistema de governança integrador, com inteligência nova, articulando interesses e necessidades dos municípios, pode se inspirar nas experiências, erros e acertos das agências americanas".

Os fundos para custear os trabalhos dessa agência poderiam provir de uma fração infinitesimal do que o BNDES despende com o Fundo Amazônia, de dois bilhões de dólares, oriundo de doação do Fundo Soberano Norueguês. Tudo consoante a Política de Responsabilidade Socioambiental criada pela Resolução 4.327 do Banco Central do Brasil, na linha da Conferência sobre os Oceanos, realizada pela ONU, em junho de 2017, em apoio à implementação do Objetivo de Desenvolvimento Sustentável: conservar e utilizar, de forma sustentável, os oceanos, mares e recursos marinhos.

A economia do mar compreende as atividades tradicionais da pesca, turismo, infraestrutura portuária, transporte, e novas atividades, como energia renovável, aquicultura, atividades extrativas, biotecnologia, bioprospecção e outros. Dela dependem cerca de 40% da população global. Segundo relatório do Banco Mundial, os 170 milhões de pessoas que se debruçam sobre o Caribe obtiveram do mar à volta, no ano de 2016, 517 bilhões de dólares com turismo, petróleo e gás. Parcela ponderável da riqueza produzida pelo estado da Califórnia, o mais rico dos Estados Unidos, provém do mar.

Cresce a pauta de eventos internacionais previstos para se realizarem na sede da Amazônia Azul, nossa incomparável *Kirimurê*.

Em março de 2017, a China, obediente ao princípio segundo o qual "onde há baías há negócios", anunciou o desenvolvimento de um projeto urbanístico destinado a valorizar as possibilidades da baía Grande de Guangdong – Hong Kong – Macau, e mais nove cidades, quarta maior área de baía do mundo, em torno da qual vivem 66 milhões de pessoas. A meta é superar, em poucos anos, a infraestrutura existente nas baías de Tóquio e de São Francisco. Com tão aguda percepção da realidade, explica-se por que o PIB chinês de 12 trilhões de dólares continua a crescer a taxas de 7% ao ano.

Técnicos do Banco da China estão de olho nas possibilidades da nossa *Kirimurê*, a partir de uma coordenação eficiente e de uma efetiva definição do seu organograma ocupacional, com projetos autossustentáveis, que priorizem inovação em tecnologia de ponta, em estreita colaboração dos setores públicos e privados. Entre 2003 e 2017, a China investiu 50 bilhões de dólares no Brasil, podendo atingir novos 20 bilhões em 2018, segundo anuncia o Banco da China. A condição de capital da Amazônia Azul agrega enorme potencial atrativo à nossa *Kirimurê*, sobretudo com a desejada criação da Agência de Gestão da Baía de Todos os Santos (AGBTS).

Em julho de 2017, empresários, gestores ambientais e representantes da sociedade civil se reuniram na sede da Associação Comercial da Bahia para ouvir a presidente nacional do Ibama, a carioca Marilene Ramos, discorrer sobre o tema "Desenvolvimento sustentável e meio ambiente na baía de Todos os Santos, sede da Amazônia Azul." Em seu pronunciamento, ela enfatizou a necessidade da manutenção do combate "à poluição e à pesca predatória", destacando "os exemplos de baías mundo afora que conseguiram reverter a degradação ambiental", mediante uma governança adequada, devidamente apoiada com recursos financeiros e técnicos.

Os que participaram do debate foram unânimes em reconhecer o grande potencial econômico da baía de Todos os Santos, sem prejuízo de sua preservação ambiental, bem como a necessidade de uma governança voltada especificamente para este notável território molhado. A criação de uma Agência de Gestão foi apontada como o bom caminho, antes que ela se torne uma baía da Guanabara, conforme advertência da promotora Cristina Seixas, coordenadora do Núcleo de Defesa da baía de Todos os Santos, ao constatar os preocupantes índices de poluição atmosférica e hídrica da BTS. Como exemplo, denunciou que "o Porto de Aratu funciona há mais de 40 anos sem licenciamento ambiental. Como consequência disso, temos problemas ambientais como o coral-sol, que se origina dos navios atracados, pondo em risco a biodiversidade marinha da região", concluindo com a advertência de que "estados, municípios e a União precisam dialogar mais".

Em novembro de 2017, atendendo a recomendação da Organização Mundial de Turismo, realizou-se em Salvador o III Fórum Internacional sobre Gestão de Baías, com a presença de gestores de baías dos diferentes continentes, representantes da Marinha do Brasil, da Embratur e de órgãos estaduais e municipais. O propósito foi o de colaborar no sentido de que Salvador e a BTS se apresentem ao mundo com uma roupagem compatível com seu status de berço da civilização brasileira.

Contra a efetivação desse promissor caminho levanta-se nossa infernal vocação burocrática para emperrar os projetos que não forem lubrificados pelo óleo da corrupção endêmica.

O ambiente de instabilidade política promovido pelas autodenominadas esquerdas brasileiras, avaliadas como das mais atrasadas do planeta, levou o governo chinês, em fins de 2017, a fazer uma pausa no cronograma de construção da discutida ponte ligando Salvador à ilha de Itaparica.

Em contraste com tamanho potencial, o calendário regional que temos oferecido se constitui da mesmice medíocre de parcas alternativas. Não temos sabido nos colocar à altura dessa grande dádiva. Enquanto não se faz algo de criativo para aproveitar nossa baía, só nos resta repetir com o poeta Freire Ribeiro:

> *Toda a tinta deste mundo*
> *Com que se escreve alegria*
> *Vem do tinteiro profundo*
> *Do mar azul da Bahia.*

APÊNDICE 4

MUNICÍPIOS BAIANOS

Município	População

Mais de 500.000 habitantes

1	Salvador	2.921.087
2	Feira de Santana	617.528

Entre 350.000 e 200.000 habitantes

3	Vitória da Conquista	343.230
4	Camaçari	286.919
5	Itabuna	219.680
6	Juazeiro	218.324

Entre 200.000 e 100.000 habitantes

7	Lauro de Freitas	191.436
8	Ilhéus	180.213
9	Jequié	161.528
10	Teixeira de Freitas	157.804
11	Alagoinhas	154.495
12	Barreiras	153.918

13	Porto Seguro	145.431
14	Simões Filho	133.202
15	Paulo Afonso	119.214
16	Eunápolis	113.191
17	Santo Antônio de Jesus	101.548

Entre 100.000 e 50.000 habitantes

18	Valença	97.000
19	Candeias	88.806
20	Guanambi	85.797
21	Jacobina	84.811
22	Serrinha	83.275
23	Senhor do Bonfim	81.330
24	Luís Eduardo Magalhães	79.162
25	Dias d'Ávila	78.058
26	Itapetinga	76.184
27	Irecê	73.380
28	Campo Formoso	72.271
29	Casa Nova	72.172
30	Bom Jesus da Lapa	69.526
31	Brumado	69.255
32	Conceição do Coité	68.146
33	Itamaraju	67.249
34	Itaberaba	66.310
35	Cruz das Almas	64.197
36	Ipirá	62.095
37	Santo Amaro	61.702
38	Euclides da Cunha	60.666
39	Araci	56.370
40	Tucano	55.777

41	Catu	55.719
42	Jaguaquara	55.449
43	Monte Santo	54.733
44	Barra	54.188
45	Santo Estêvão	53.193
46	Caetité	52.531
47	Ribeira do Pombal	51.418
48	Macaúbas	50.262

Entre 50.000 e 20.000 habitantes

49	Poções	48.729
50	Xique-Xique	48.316
51	Ipiaú	47.501
52	Maragogipe	46.106
53	Livramento de Nossa Senhora	46.035
54	Mata de São João	45.813
55	São Sebastião do Passé	45.482
56	Seabra	45.202
57	Nova Viçosa	43.216
58	Entre Rios	43.006
59	Vera Cruz	42.650
60	Remanso	42.275
61	Santa Maria da Vitória	41.795
62	Sento Sé	41.464
63	Jeremoabo	41.100
64	Mucuri	41.068
65	Inhambupe	40.915
66	Rio Real	40.809
67	São Francisco do Conde	39.329

68	Itiúba	38.492
69	Amargosa	37.807
70	São Gonçalo dos Campos	37.554
71	Pojuca	37.543
72	Santaluz	36.915
73	Esplanada	36.724
74	Morro do Chapéu	36.717
75	Camamu	36.435
76	Riacho de Santana	36.039
77	Itapicuru	35.987
78	Pilão Arcado	35.428
79	Riachão do Jacuípe	35.403
80	Cansanção	35.235
81	Curaçá	35.208
82	Barra do Choça	34.853
83	Cachoeira	34.535
84	Cícero Dantas	34.478
85	Conceição do Jacuípe	33.354
86	Canavieiras	33.268
87	Camacan	33.197
88	Jaguarari	33.186
89	Correntina	33.183
90	Serra do Ramalho	33.011
91	Gandu	32.809
92	São Desidério	32.640
93	Paratinga	32.636
94	Rui Barbosa	31.867
95	Itabela	31.055
96	Muritiba	30.743
97	Carinhanha	29.955

98	Irará	29.950
99	Campo Alegre de Lourdes	29.938
100	Paripiranga	29.878
101	Nazaré	29.406
102	Capim Grosso	29.346
103	Prado	29.218
104	Ituberá	29.108
105	Santa Rita de Cássia	28.822
106	Quijingue	28.655
107	Santa Cruz Cabrália	28.226
108	Valente	27.906
109	Iguaí	27.787
110	Ibotirama	27.655
111	Itacaré	27.619
112	Miguel Calmon	27.536
113	Lapão	27.521
114	Presidente Tancredo Neves	27.505
115	Castro Alves	27.286
116	Santana	27.260
117	Mundo Novo	27.165
118	Ubatã	27.051
119	Cândido Sales	26.855
120	Olindina	26.817
121	Planalto	26.632
122	Amélia Rodrigues	26.441
123	Canarana	26.382
124	Conde	26.194
125	Iaçu	26.178
126	Queimadas	26.083
127	Nova Soure	25.854

128	Formosa do Rio Preto	25.372
129	João Dourado	25.141
130	Uauá	25.087
131	Piritiba	25.027
132	Iraquara	25.006
133	Rafael Jambeiro	24.349
134	Ibirapitanga	24.180
135	Ibicaraí	24.029
136	Laje	23.904
137	Belmonte	23.759
138	Maracás	23.751
139	Sobradinho	23.583
140	Caculé	23.545
141	Medeiros Neto	23.478
142	Itambé	23.327
143	Alcobaça	23.282
144	Riachão das Neves	23.264
145	Coração de Maria	23.146
146	Teofilândia	23.011
147	Mutuípe	22.833
148	Oliveira dos Brejinhos	22.774
149	Conceição da Feira	22.656
150	Itaparica	22.615
151	Caravelas	22.548
152	Wenceslau Guimarães	22.530
153	Boquira	22.429
154	Palmas de Monte Alto	22.416
155	Barra da Estiva	22.394
156	Guaratinga	22.355
157	Una	22.105

158	Paramirim	22.077
159	Uruçuca	21.849
160	Itajuípe	21.754
161	Crisópolis	21.617
162	São Felipe	21.582
163	Buritirama	21.549
164	Tanhaçu	21.282
165	Governador Mangabeira	21.267
166	Baixa Grande	21.197
167	Itororó	21.178
168	Maraú	21.175
169	Taperoá	21.091
170	Pindobaçu	21.062
171	Ubaitaba	20.813
172	Ubaíra	20.782
173	Santa Bárbara	20.754
174	Itanhém	20.611
175	Madre de Deus	20.348
176	Encruzilhada	20.331
177	Sátiro Dias	20.320
178	Mairi	20.097
179	Anagé	20.096
180	Itarantim	20.091

Entre 20.000 e 10.000 habitantes

181	Coaraci	19.770
182	Utinga	19.593
183	Abaré	19.574
184	Ibicoara	19.548

185	São Gabriel	19.542
186	Ituaçu	19.406
187	Cocos	19.396
188	Buerarema	19.283
189	Antas	19.183
190	Aporá	19.146
191	Umburanas	19.055
192	Cabaceiras do Paraguaçu	18.978
193	Macarani	18.786
194	Ibititá	18.727
195	Cafarnaum	18.695
196	Ibipeba	18.674
197	Boa Vista do Tupim	18.658
198	Jaguaripe	18.647
199	Conceição do Almeida	18.525
200	Fátima	18.481
201	Piatã	18.473
202	Serra Dourada	18.389
203	Belo Campo	18.383
204	Condeúba	18.269
205	Tremedal	18.187
206	Central	18.140
207	Pedro Alexandre	18.135
208	Mirangaba	18.039
209	Ibirataia	17.947
210	Ourolândia	17.775
211	Cairu	17.730
212	Tanque Novo	17.702
213	Sapeaçu	17.664
214	Cipó	17.602

215	Filadélfia	17.583
216	Malhada	17.455
217	Tapiramutá	17.398
218	Souto Soares	17.332
219	Urandi	17.301
220	Canudos	17.177
221	Adustina	17.153
222	Coronel João Sá	17.098
223	Nova Canaã	17.082
224	Água Fria	17.043
225	América Dourada	16.923
226	Bonito	16.873
227	Pindaí	16.805
228	Ibitiara	16.699
229	Ibicuí	16.696
230	Itaetê	16.446
231	Igaporã	16.225
232	Ponto Novo	16.168
233	Glória	16.072
234	Novo Triunfo	15.993
235	Caetanos	15.982
236	Jussara	15.841
237	Lagoa Real	15.801
238	Biritinga	15.799
239	Barrocas	15.770
240	Itagibá	15.767
241	Acajutiba	15.717
242	São Félix do Coribe	15.647
243	Rio do Antônio	15.628
244	Ipecaetá	15.521

245	Jacaraci	15.409
246	Salinas da Margarida	15.385
247	Barro Alto	15.377
248	Serra Preta	15.351
249	Ibipitanga	15.296
250	Ribeira do Amparo	15.269
251	Brejões	15.214
252	Teolândia	15.178
253	Santa Brígida	15.100
254	São Félix	15.091
255	Jiquiriçá	15.033
256	Coribe	14.976
257	Mascote	14.877
258	Andorinha	14.791
259	Itatim	14.763
260	Várzea da Roça	14.729
261	Angical	14.724
262	Presidente Dutra	14.712
263	Candiba	14.667
264	Itaguaçu da Bahia	14.667
265	Boninal	14.585
266	Boa Nova	14.577
267	Barra do Mendes	14.526
268	Manoel Vitorino	14.488
269	Uibaí	14.483
270	Pé de Serra	14.471
271	Cotegipe	14.403
272	Igrapiúna	14.395
273	Cristópolis	14.302
274	Baianópolis	14.195

275	Nilo Peçanha	14.188
276	Aracatu	14.089
277	Heliópolis	13.762
278	Mansidão	13.761
279	Andaraí	13.723
280	Banzaê	13.711
281	Caldeirão Grande	13.641
282	Santa Luzia	13.626
283	Rio de Contas	13.616
284	Terra Nova	13.547
285	Várzea Nova	13.470
286	Serrolândia	13.373
287	Itagi	13.359
288	Nordestina	13.321
289	Sítio do Mato	13.320
290	Retirolândia	13.319
291	Itiruçu	13.307
292	Jitaúna	13.300
293	Presidente Jânio Quadros	13.178
294	Aurelino Leal	13.089
295	Tabocas do Brejo Velho	13.025
296	Wanderley	13.008
297	Licínio de Almeida	12.966
298	Saúde	12.739
299	Dom Basílio	12.499
300	Mortugaba	12.477
301	Araçás	12.450
302	Matina	12.314
303	Novo Horizonte	12.238
304	Piripá	12.238

305	Saubara	12.238
306	Antônio Cardoso	12.225
307	Mulungu do Morro	12.200
308	Antônio Gonçalves	12.187
309	Capela do Alto Alegre	12.118
310	Rio do Pires	12.084
311	Dário Meira	12.022
312	São Miguel das Matas	12.009
313	Macajuba	11.837
314	Sítio do Quinto	11.767
315	Arataca	11.737
316	Milagres	11.659
317	Sebastião Laranjeiras	11.528
318	Chorrochó	11.522
319	Muquém de São Francisco	11.495
320	Lençóis	11.445
321	Érico Cardoso	11.437
322	Gentio do Ouro	11.423
323	Iuiú	11.331
324	Aramari	11.314
325	Floresta Azul	11.313
326	Anguera	11.299
327	Santa Inês	11.177
328	Brotas de Macaúbas	11.070
329	Jandaíra	11.063
330	São José do Jacuípe	11.061
331	Botuporã	11.021
332	Marcionílio Souza	10.951
333	Pau Brasil	10.905
334	Itapebi	10.882

335	Itapitanga	10.800
336	Pintadas	10.742
337	Brejolândia	10.698
338	Santa Teresinha	10.586
339	Bom Jesus da Serra	10.554
340	Ibiassucê	10.502
341	Iramaia	10.487
342	Piraí do Norte	10.360
343	Mucugê	10.244
344	Itapé	10.228
345	Caatiba	10.166
346	Jucuruçu	10.148
347	Caém	10.143
348	Canápolis	10.142
349	Ipupiara	10.113
350	Maiquinique	10.082
351	Quixabeira	10.033
352	Caraíbas	10.016

Menos de 10.000 habitantes

353	Mirante	9.902
354	São Domingos	9.877
355	Caturama	9.762
356	Cardeal da Silva	9.747
357	Wagner	9.731
358	Planaltino	9.473
359	Nova Redenção	9.470
360	Lamarão	9.442
361	Santanópolis	9.442

362	Várzea do Poço	9.416
363	Varzedo	9.363
364	Abaíra	9.226
365	Jaborandi	9.225
366	Palmeiras	9.130
367	Aratuípe	9.127
368	Candeal	9.011
369	Potiraguá	8.969
370	Morpará	8.967
371	Malhada de Pedras	8.896
372	Rodelas	8.887
373	Ouriçangas	8.839
374	Lajedo do Tabocal	8.836
375	Cordeiros	8.834
376	Guajeru	8.805
377	Ibirapuá	8.735
378	Tanquinho	8.553
379	Itaquara	8.519
380	Itamari	8.514
381	Elísio Medrado	8.434
382	Macururé	8.365
383	Nova Itarana	8.312
384	Ribeirão do Largo	8.260
385	Nova Fátima	8.125
386	Gongogi	8.082
387	Itanagra	8.034
388	Teodoro Sampaio	8.013
389	Muniz Ferreira	7.893
390	Apuarema	7.762
391	Pedrão	7.568

392	Irajuba	7.472
393	Itaju do Colônia	7.353
394	Itagimirim	7.351
395	Jussiape	7.229
396	Nova Ibiá	7.036
397	Santa Cruz da Vitória	6.750
398	Vereda	6.696
399	Barro Preto	6.492
400	Barra do Rocha	6.424
401	Jussari	6.378
402	Ichu	6.311
403	Almadina	6.145
404	São José da Vitória	6.118
405	Feira da Mata	5.914
406	Firmino Alves	5.786
407	Cravolândia	5.560
408	Maetinga	5.174
409	Ibiquera	5.158
410	Aiquara	4.767
411	Gavião	4.712
412	Contendas do Sincorá	4.326
413	Dom Macedo Costa	4.153
414	Lajedão	4.022
415	Lafaiete Coutinho	4.020
416	Lajedinho	3.974
417	Catolândia	3.670

BIBLIOGRAFIA

ALCOFORADO, Fernando. *Os fatores condicionantes do desenvolvimento econômico e social; Bahia: Desenvolvimento do* século *XVI ao século XX.* Paraná: Editora Crv, 2012.

ANDRADE, Wilson. "Escrevendo uma nova história", Salvador, 2006. In: *O sisal do Brasil – Brasilian Sisal,* Salvador, BA: Apex/Sindifribras, 2009.

AQUINO, Djalma F. Sisal - *Proposta de Preço Mínimo 2012/2013*: Conab, 2012 – Estudos Internos.

ÁVILA, Gabriela Martin. *O rio São Francisco: a natureza e o homem.* Recife: Chesf, 1998.

BERGAMINI, José. *Rio São Francisco, sua história e estórias.* Belo Horizonte: Comunicação, 1976.

CUNHA, Euclides da. *Os Sertões.* Rio de Janeiro: Ediouro, 1996.

E.M: "A importância do aproveitamento racional do sisal na Bahia", Serrinha, BA: Funsisal, 2009.

Fapesb, SECTI-BA. "O sisal como estratégia de desenvolvimento do semiárido baiano". Salvador, 2006. In: Boaventura.

GIMENEZ, Célia Beatriz e COELHO Raimundo dos Santos. *Bahia Indígena, Encontro de dois mundos,* 2003. *Fibra baiana,* 2008.

LANDIM, José Paes. *A Tarde,* 05/07/2016.

MACHADO, Regina Coeli Vieira. "Rio São Francisco". In: Fundação Joaquim Nabuco.

MEDEIROS NETO, Luiz. *História do São Francisco*. Maceió: Casa Ramalho, 1941.
Médio São Francisco: da potencialidade à realidade. Belo Horizonte: Fundação Laura de Andrade/ Grupo Gutierrez, 1986.
OLIVETTO, Luiza e BADARÓ, Diego. *Floresta, cacau e chocolate*. São Paulo: Senac, 2017.
RATZEL, Friedrich. *Antropogeografia – Fundamentos da aplicação da Geografia à História*, 1882.
RODRIGUES, Roberto. "Cultura do sisal é prioridade do governo". In: *O sisal do Brasil – Brasilian Sisal*. Salvador, BA: Apex/Sindifibras/2009.
São Francisco: o rio da unidade, a river for unity. 2ª ed. [Brasília]: Companhia de Desenvolvimento do Vale do São Francisco, 1978. Texto em português e inglês.
SILVA, Odilon e COUTINHO, Wirton. "O cultivo do sisal, In: Embrapa – *Sistemas de Produção*, nº 5 – ISSN 1678 – 8710 Versão Eletrônica, dez. /2006 – Captado em http://sistemasdeproducao.cnptia.embrapa.br/FontesHTML/Sisal/CultivodoSisal/index.html" em 31/02/2012.
SILVA, Odilon et al. "Sisal". In: MONTEIRO, J.E.B.A. (Org.). *Agrometeorologia dos cultivos – o fator meteorológico na produção agrícola*. Brasília, DF: INMET, 2009.
SILVA, Wilson Dias da. *O Velho Chico, sua vida, suas lendas e sua história*, CODEVASF, 1985.
STARLING, Ana L. L. Projeto CDES: "Diálogo social e desenvolvimento sustentável na região sisaleira da Bahia". Salvador, 2006. In: *O sisal do Brasil – Brasilian Sisal*, Salvador, BA: Apex/Sindifribras, 2009.

DADOS BIOGRÁFICOS:

Brasileiro, casado, bacharel em direito pela Faculdade de Direito da UFBA, 1963; participante do STANFORD EXECUTIVE PROGRAM, Stanford University – USA, 1975.
– Deputado federal constituinte; coordenador da bancada federal do MDB (Bahia); presidente da Comissão de Defesa do Consumidor, Meio Ambiente e Minorias; relator do Código de Defesa do Consumidor, Lei nº 8.078/90; autor do artigo 165, parágrafo 7º da Constituição, que trata da dotação de recursos da União, proporcional à população regional.
– Orador e articulista.
– Conferencista.
– Sócio efetivo do Instituto Geográfico e Histórico da Bahia.
– Membro do Conselho Superior da Associação Comercial da Bahia.
– Membro efetivo da Academia de Letras da Bahia.
– Sócio do Instituto Genealógico da Bahia.
– Membro efetivo da Academia de Letras e Artes de Salvador.
– Membro da Academia Baiana de Educação.

OUTROS LIVROS DO AUTOR

ISBN: 85-7475-091-3
(3ª ed.) 2018 – 526 p.

ISBN: 978-8574-752-97
2015 – 877p.

ISBN: 978-85-7475-254-9
2014 – 130 p.

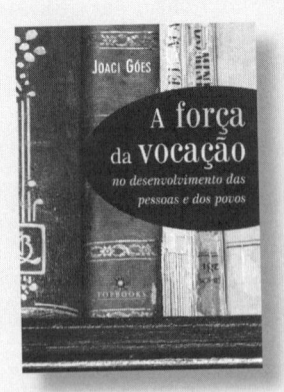

ISBN: 978-85-7475-172-6
2009 – 297 p.

ISBN: 85-7475-087-5
2004 – 471 p.

Este livro foi impresso pela Edigráfica.